花園大学人権論集 24

花園大学人権教育研究センター 編

孤立社会からの脱出

始めの一歩を踏み出すために

Human Rights Thesisses in Hanazono University

批評社

はしがき

この「はしがき」では、時期的なこともあって、しばしば今年の漢字を取り上げています。二〇一六年に選ばれたのは、三度目になる「金」でした。三回ともオリンピックが開催された年であることを見れば、金メダルからの連想であることは間違いないと思いますし、その先には二〇二〇年の東京オリンピックが意識されていることも間違いないでしょう。

しかしながらその東京オリンピックを巡っては、桝添知事辞任の後を受けて誕生した小池百合子新知事が、すでに決定していたはずの競技会場の建設費などについて、あまりにも費用がかかりすぎることを見直すとして、ある意味では物議をかもしたのは御存じの通りです。そしてまた、東京の築地市場が移転する予定の豊洲新市場において、公開された情報にはない地下空間の存在が判明しました。小池知事の判断や政治手法が妥当かどうかは別として、この国ではいったんことが決まると、あとは政治家や役人任せとなり、結果的には当初の計画を遙かに上回る費用が投入されていたということが、さまざまな場所で行われています。

それとは別に、号泣会見で話題となった元兵庫県議会議員の、政務活動費不正使用が話題となってからも、同じような地方議会議員の不正が次々と明らかになっています。ごく当たり前な感覚の持ち主なら、自分が少しでも不正を働いていた場合、市民の目も厳しくなる状況では、疑いをもたれるようなことは控えると思いますが、まるでバレたのは運が悪いとばかりに、それも調べればすぐに嘘と知れるような手法で、税金を不正使用する議員が話題となりました。

かつての人権週間で公演して戴いた金田諦応さんは、東日本大震災での被災地支援活動を紹介された際に、「どうして東京オリンピックを四十年待てなかったのか」と、復旧復興が後回しになることを懸念されていました。二〇一六年にも熊本で大きな震災があり、東北地方では二〇一一年の悪夢がよみがえるような地震と津波がありました。それはまるで、大災害を忘れてお祭り騒ぎに浮かれていると、いつ災害に見舞われるかわからないという、自然からの警告とも受け取れます。

二〇一六年のもう一つの大きな出来事は、選挙権が十八歳に引き下げられてから、初めての国政選挙が行われたことです。つまり、基本的にはすべての大学生に選挙権があることになるわけで、自分たちの将来を決める政治家を、自分たちの手で選ぶことができるようになりました。では、どの程度の若者たちが今夏の参院選において投票したのでしょうか。残念ながら多くの若者が投票権を行使しなかったことは、報道機関の調査でも明らかです。それは単に政治に無関心というだけではなく、何度選挙をしても同じような顔ぶれが選ばれ、相変わらず利権をむさぼるばかりで、国会の委員会において般若心経を読み上げるなどという、馬鹿げた姿をテレビにさらしている議員に、辟易としている若者が少なくないからだと思います。

こうした政治状況とは対照的に、個人や任意の団体として、さまざまな問題に取り組んでいる方がおられることも、また間違いのないことです。花園大学の人権週間は、月曜日の夕方に映画上映などの前夜祭、そして火・水・木曜日の三日間に三人の方に講演をお願いしていますが、まさに多様な問題に取り組まれている個人や団体の方から、実際にお話をうかがう機会であり、教職員や学生がそれぞれに提案を持ち寄って、その年にお招きする方を決定しています。講演には、学生はもちろんですが、学外からの一般の参加者も少なくありません。つまり、単に大学の催しというにとどまらず、大学からの貴重な情報発信の場になっているといえます。

＊

本書は花園大学人権教育研究センターが発行する数々の出版物の中で、唯一、市販しているシリーズ「花園大学人権論集」の第二四巻です。センターで主催する催しの中で、花園大学の人権教育・研究に賛同される方々が発表された論考として、おもに人権週間の講演と定例研究会での発表を原稿化し、定例研究会については当該年度末、人権週間の講演については翌年度末に発刊する論集に掲載しています。つまり本書自体が、花園大学の人権に対する取り組みと、そこから得られる情報を発信する重要なツールになっています。

今回の出版についても批評社に労をとっていただきました。出版業界の厳しい状況の中で、本書出版の意義を御理解くださった編集スタッフをはじめとする関係者に対して、厚く御礼を申し上げます。また、本書出版の意義を認めて格別の助成をくださった花園大学執行部にも、深甚の謝意を表します。

二〇一七年三月

人権教育研究センター所長（文学部教授）中尾良信

孤立社会からの脱出

——始めの一歩を踏み出すために

花園大学人権論集24

もくじ

はしがき……3

こうして僕は世界を変えるために一歩を踏み出した……◉鬼丸昌也——11
●はじめに●子ども兵の問題に取り組むきっかけ●ウガンダで出会った子ども兵●なぜ子ども兵が存在するのか?●問題を自分事にする●私たちに何ができるのか●ウガンダでの支援活動●二〇一一年三月一一日ウガンダからの一本の電話●三つのお願い

すべての命に花マルを——生きることに他者の承認はいらない……◉朝霧　裕——43
●私のこと●「お願いの福祉」を変えたい●二〇一五年の街で●当事者が当事者として語ること

●分断された手を、繋ぎなおす●すべての命に花マルを——生きることに他者の承認はいらない

互いに知り合う防災 ……●阪口青葉——61

●防災士って何やねん●実際の災害現場では●ワークショップ●互いに知り合うとはどういうことか●自助、共助、公助のなかでも大切な「共助」●災害から生き残るために

児童虐待——対応側からの考察 ……●川並利治——83

●はじめに●親権が優先される国●児童虐待対応に追われる児童相談所●児童福祉司と児童心理司●統計に表れないもの●スムーズに支援が進まない要因●児童相談所にかかわる中核市必置の議論●児童相談所設置市の現状と課題●児童にかかわる予防や防止の諸課題●おわりに●(質疑応答)

三鷹事件——竹内景助氏の主張の変遷 ……●脇中 洋——117

●はじめに●三鷹事件の概要●列車暴走の謎●捜査側の動きと竹内氏逮捕●竹内氏の犯行自白内容●弁護側の働きかけと竹内氏の供述変遷●竹内氏の自白に基づいた犯行手順●そ

の後の裁判と再審請求●事件当日の竹内氏の動き●単独犯行説の根拠●竹内氏の生い立ちと逮捕後の言動●供述分析を行う上の困難●竹内供述の分析方針●犯人に扮して自白を展開すると…●単独犯行供述に見られる特徴●日本国憲法下での刑事手続き●（質疑応答）

沖縄の神話・伝説
――本土からの南下と環太平洋からの影響……●丸山顕徳――154

●はじめに●日本文化の古層を伝える沖縄の「伝承話」●「土から生まれた人間」●「ンナグスの島建て」●「孫の乳」●「竜退治」●「天の岩屋」●「ミルク神とサーカ神」●「蛇婿入り」●「おさな神」●「伊江島の起源神話」●「八重山の起源神話」●「宮古島の起源神話」●「舜天王」●「波照間の新生」●「兄は鬼」●（質疑応答）

日本の宗教教団と原発……●島崎義孝――196

●教団人の立場から見えてきたこと●日本の既成宗教教団の特性●世界的な宗教指導者の原発観●日本の諸宗教の原発に対する態度●各宗教・宗派の態度・取り組み●（質疑応答）

こうして僕は世界を変えるために一歩を踏み出した

鬼丸昌也

●はじめに

みなさん、こんにちは。先ほどご紹介をいただきましたNPO法人テラ・ルネッサンスで理事をしております鬼丸と申します。初めての方がほとんどですので自己紹介をさせていただきます。もともと九州の福岡で生まれました。十八歳の進学時、京都に来ました。大学四年生、二一歳の時にテラ・ルネッサンスという団体を一人でつくりまして、現在は僕を含めて一四人の日本人職員と外国籍の職員が約四〇名、六つの国で活動するNPOを経営しています。事務所は下京区の五条高倉にありますので機会がありましたら皆さんにも足を運んでいただきたいと思います。

今日は二つのことについてお話したいと思います。一つが子ども兵の問題です。世界では一八歳未満の子どもで武器をとって戦っている、もしくは武装勢力の支配下におかれている子どもたちが、確認されているだけで二五万人いるといわれています。僕たちテラ・ルネッサンスは、その元子ども兵、子ども時代に兵士だった人が、大人になって社会に戻って生活できるように仕事のやり方を教えたり、文字の読み方を教えたりする社会復帰支援を三つの国でやっています。

今日はそのお話と、あとこの中にも当事者の方、多分いらっしゃるかもしれません。二〇一一年の三月一一日って皆さん何が起きた日か覚えてらっしゃいますよね。東日本大震災です。僕たちは岩手県の大槌市という町で、被災をされた高齢の女性の方の生活再建の支援活動をしています。今日はその二つについてお話させていただきたいと思います。

●子ども兵の問題に取り組むきっかけ

僕たちが活動している一つの国がアフリカのウガンダという国です。ウガンダという国に海はありません。日本の本州よりちょっと大きい国です。日本から飛行機で一八時間ぐらいで行けます。とても緑が豊かで気候も温暖です。農業するにも適しています。ウガンダの首都・カンパラは東京みたいなところで、どんどん発展していきます。アフリカ大陸は、もはや貧しいだけの大陸ではありません。豊かになるところは、どんどん豊かになっていくんです。例えば皆さんの街にも丸亀製麺ってあると思います。丸亀製麺を経営しているトリドールは今年アフリカのケニアに照り焼きチキンのお店を開きました。これから店舗を展開していきます。儲かるからですね。だってどんどん豊かになる人が出てくるからです。そういう地域があるからです。

もう一度申し上げますが、アフリカはもはや貧しいだけの大陸ではありません。何を皆さんに申し上げたいかというとレッテルを貼る怖さです。アフリカって貧しいなんて、赤道の下だから単に暑いんだって決めつけてしまうと、何が問題か、誰が問題を抱えているか、どこに問題があるかがわからなくなってしまいます。決めつけるのって怖いですよね。僕らもそうです。友だちはこうだとか、この恋人はこうだとか、この先生はこうだとか決めつけてしまって可能性を奪ってしまう。これほど人を傷つけるものはありません。

じゃ、知恵ってなんでしょうか。正しく物事を見るということだと思います。特に社会福祉に関わっている方はそうですよね。相手を見なければ支援はできません。課題に触れなければ我々はサポートすることができません。問題を見抜く力をつけることが、私たちのような、人に関わる、地域に関わる仕事をする者にとってとても大事なことなんだと、最近思うようになりました。

ウガンダでもアフリカでもそうなんですが、豊かなところはどんどん豊かになりますけども、一部の話です。貧しくなるところはどんどん貧しくなっていきます。二極化が進んでいます。

皆さん、「海外安全情報」という地図ってご覧になった方いらっしゃるでしょうか。日本の外務省のウェブサイトにいくと、こういう地図が国ごとにあります。この国のこの地域はこのぐらい危険ですよと、今、四段階くらいで日本の外務省が表しています。地図上で一番危険だ、と言っている国が赤色で示されている地域で、これを「退避勧告地域」といいます。今でいうとイラクやシリアも退避勧告地域ですね。

僕らが初めてウガンダに行ったのは二〇〇四年です。僕らが目指したのは、先ほどご紹介をしたどんどん豊かになっていく、農業するにも適している、首都のカンパラを中心とした南側ではなくて、ウガンダ北部最大のグルという街です。このグルの街の周りは二〇〇四年当時のウガンダの海外安全情報で見ますと赤色ですから退避勧告地域を意味します。

二〇〇六年までウガンダ北部は日本の外務省から退避勧告地域に指定されていました。理由は簡単です。戦争が続いていたからです。ウガンダの南側を基盤とするウガンダ政府軍と、ウガンダの北部から「神の抵抗軍」という武装勢力が出てくるんです。「神の抵抗軍」と政府軍の戦闘が二三年間ウガンダ北部で続いていました。「神の抵抗軍」は二三年間の戦闘中、たくさんの子どもたちを誘拐して兵士にしていきました。その数を申し上げるとどんなに少なくても二万人。確か国連の統計だと大体六万六千人という数字があります。僕らはその子ども兵のことを調査するためにウガンダ北部に行きました。

子ども兵の問題を初めて知ったのは二〇〇三年です。テラ・ルネッサンスをつくって三年目でした。きっかけはカンボジアです。僕たちテラ・ルネッサンスは、僕がカンボジアに行って地雷の被害者に出会ったり、地雷除去の大変さを知ることで何ができるんだろうというところから始めました。

僕は五人兄弟の長男で、大学も新聞配達をしながら行っていたぐらいですからお金がありません。地雷除去の技術もありません。残念ながら今もそうなんですが、全く英語がしゃべれません。できないことだらけなんですよね。でも目の前の課題に対して自分さえ諦めなければ最後に一つだけ見つかるものがあるんです。それは自分にしかできないことです。言葉を言い換えて申します。自分だからできることがある。僕にとってできること、それは今日のこともそうです。話すことだったらできる。だって見てきたこと、聴いてきたことですから。しかも相手が日本人だったら日本語でいいですもんね。

カンボジアに二週間行って、日本に帰ってきてから地雷除去の話や地雷被害の悲惨さを、友だち一〇人集めて報告会をしました。二〇〇一年には約九〇回いろんな場所でお話をさせていただきました。そしたら中には「寄付したい」とか「募金したい」という人が出てきます。当時は、いただいたお金を直接カンボジアまで持って行って地雷被害者とか地雷を除去する団体に渡していました。地雷で手足を失った何人もの人に出会います。話を聞きます。すると中にはカンボジアの内戦中に子ども兵だった体験を持っている人がたくさんいることに気づくんです。子ども兵の時に銃弾を受けています。

たとえば僕ら「戦争」って綺麗な二文字でいいますが、やっぱりやりたくないこともやるんですよね。見たくもないことも見るんですよね。心には必ずトラウマを抱えます。でも皆さんお気づきかもしれませんが、カンボジアという国はすでに平和です。そしてどんどん豊かになりつつあります。なおかつその子ども兵だった人は時間がたって肉体的には大人になっているわけです。でも、そのカンボジアの元子ども兵だった人たちは子ども兵の時に受けた、あの内戦中に受けた昔の障害、もしくはトラウマに未だに苦しめられている。つまり子ども兵という問題は時間を超えるんだと知ったのが二〇〇三年でした。

そこで子ども兵の問題でも何か取り組めることがあるんじゃないかと思いました。二〇〇三年当時でも子ども兵に取り組む日本のNGOってほとんどなかったんです。情報がなかったから、見に行こうと思いました。皆さんもそうですよね。何か問題に取り組もうと思ったら問題が何であるかを明らかにしないと、どう対処したらいいかわからないですよね。どう取り組んでいいかわからないですよね。だから問題に取り組む時、問題を抱えた方に皆さんお話を聞きに行かれますよね。もしくは恋人同士の問題を解決しようと思ったら真正面に向き合って話をしますよね。逃げませんよね。家族から仲間から。問題に取り組むにあたって、そうやって問題を明らかにしていくプロセスそのものがとても大事だと僕は先輩から教わってきました。だからお話を聞きにいこうと思いました。

●ウガンダで出会った子ども兵

ウガンダ北部で出会った元子ども兵士は八人います。今日は一人だけご紹介したいと思います。彼は一二歳の時に「神の抵抗軍」に誘拐されました。誘拐された後、訓練させられるんですよね。銃の扱い方、軍隊のルールを学びます。教わります。彼だけではなく、他の「神の抵抗軍」の子どももそうです。他の国の子どもも兵もそうですが、極端な場合、自分の生まれ育った村を襲いに行かされます。理由は簡単で、脱走を防ぐためです。つまり、彼が自分の村を襲い、そこで残虐な行為をさせられると、彼はこう思うんですね。「もう僕は、この村には帰ることはできないんだ。お父さんもお母さんもお兄さんもお姉さんも、僕がやったことを知っている、見てる。だから僕はこの家に戻ることはできないんだ」と、そう思わせる。

自分が子どもだった時を思い出してみてください。もちろん特殊な環境もいろいろあるので一概にはいえないですが、どんなに一時的に大人のことが嫌いであったとしても、やっぱり親や大人には認められたいですよね。受け入れられたいですよね。愛されたいんですよね。だって人間には承認欲求って本能がありますから。ただ彼と、ここにいる私たちの間に一つだけ違うものがあります。それは彼の周りにいる大人は、すべて「神の抵抗軍」の大人の兵士だということです。大人の兵士が子ども兵の存在を認める。そして受け入れるには二つの基準しかありません。一つは他の子ども兵よりも多く物を盗んでくることです。もう一つが他の子ども兵よりも多く人を傷つけることです。子ども兵は大人よりも優秀な兵士になりやすい。だから現時点においても、今僕がここでお話している瞬間、約二五万人の子ども兵が闘っています。

彼も自分の生まれ育った村を襲いに行かされます。そこには家があるんです。そこには彼のお母さんがいたんです。大人の兵士は一二歳の彼に向って、こう命令します。「その女を殺せ」。でも嫌だったんですよね。だって自分の大好きなお母さんですから。嫌だというんです。そしたら彼は銃の反対側で殴られて今度はこういうふうにいわれるんです。「わかった。お前がその女をどんなに大切にしているか、よくわかった。だったらその女の腕を切りなさい。そうしなければお前もその女も殺す」といわれました。仕方ないですよね。皆さんもそうされるでしょう。だって自分の大切な人の命と自分の大好きな母親の命は自らの手で守らなければいけません。だから彼はその通り実行していきます。

僕らが出会った二週間前に、彼は奇跡的に母親に再会しています。担ぎ込まれた病院でたまたま母親と出会うことができました。その時のことを僕らにこう語るんです。「僕はね、お母さんが自分のことをどう思っているのか、すごく心配だったんだ。でもお母さん、こういってくれたんだ。大変だったね。苦しかったね。辛かったね。自分のやってきたこと、させられてきたこと、最後まで全部聞いてくれた。それが、すごく嬉しかったんだ」。でもその後、こう一言付け加えるんです。「でも僕にはわかる。もうお母さんが以前と同じように僕を愛してくれることはないんだ。僕を受け入れてくれることはないんだ。それは僕にはよくわかることなんだ。だって僕は、あんなことをしてしまったから」。当時一六歳だった彼は僕らにそのように語ってくれます。

●なぜ子ども兵が存在するのか?

では、なんでこんな子ども兵が存在するんでしょうか。そして増えているんでしょうか。問題には必ず原因があります。僕らは、子ども兵が増える、もしくは存在する背景は三つあると思いました。

一つは子どもが素直だからですよね。麻薬やアルコールを使って洗脳する。この部分はあんまり時間がないので詳しくお話できないので、よかったら映画を二つ見ていただきたいと思います。一つは約一〇年前の映画です。レオナルド・ディカプリオの主演で日本語のタイトルで『ブラッド・ダイヤモンド』といいます。日本語に訳したら「血塗られたダイヤモンド」。あの中にも子どもたちが麻薬を使って洗脳されるシーンがあります。もう一つ見ていただきたい映画は二〇一五年に公開された映画です。さだまさしさん原作で大沢たかおさんと石原さとみさんが主演されていた『風に立つライオン』、特に前半に子ども兵がたくさん出てくる。あの中でも子どもたちが麻薬で洗脳されて地雷原を歩かされ、それで地雷があるかを確かめていくというシーンがありますが、ああいうのは実話です。この世界にそんなことはいっぱいある。

次に、武器が小さく軽くなったからです。そんな武器が世界中に出回っているんです。

ただ今日一番皆さんと考えさせていただきたいのは、僕らの先進国の暮らしと子ども兵が増えることには関係があるということです。子ども兵がいる国や、いた国にはいろんな国があります。近くですと先の地震で大変でしたフィリピンの南側。ネパールにもいます。南米もそうです。アフリカもそう。今日一番お話したい国は、ウガンダの隣の国です。日本のNGOとしてテラ・ルネッサンスがほぼ唯一活動している国です。それがコンゴ民主共和国になります。アフリカのど真ん中にある国になります。この国のことを今日少しだけお話させていただきたいんです。

この国は人口が大体七〇〇〇万人ちょっとです。国のほとんどがジャングルかサバンナです。そして二〇年以上ずっと戦闘が続いています。戦争は法的には終わっていますが、戦闘は続いています。まだコンゴの東側には武装勢力がいて戦っているわけです。

すごく簡単に申し上げますとコンゴの戦争、戦闘、これは内戦です。皆さん、内戦って漢字、頭に思い浮かべていただきたいんです。内側の戦争って書きますよね。つまり一つの国の中で民族は違ったとしても同じ国の人同士が戦っているのが内戦ですよね。なのにコンゴの場合、最も戦闘が激しかった時、周りの国がこのコンゴの中に軍隊を派遣してくるんです。自分のお気に入りの武装勢力、戦うグループを見つけて戦っていく。さらに、です。コンゴの周りの国のさらに周りの豊かな先進国の企業や政府、特に欧米や中国が、コンゴの周囲の国を通じて、もしくは直接的に、自分のお気に入りの武装勢力を見つけて武器やお金を渡すんです。まるで火のついた焚火に、どんどん薪や燃料をくべるようなものです。戦闘の原因があらゆる角度から、あらゆる国からこの国の中に入ってくる。戦争は続いていく。

その結果、おととしの八月も大変でした。僕らが緊急支援した村ですけども、人口五〇〇〇人いたんですが、ある武装勢力が襲撃して一人残らず避難していました。生まれて初めて思いました。人が町にいないなんて、こんなに怖いんですね。誰かが家にいてくれる。誰かがその町に住んでいるのは、それだけでもすごいことなんだなと、その時、思いました。ちなみに皆さん、コンゴのある武装勢力がこういう村を襲撃する時に最初にターゲットにする施設って、どんなところだと思いますか？ 皆さんの住んでらっしゃる町や村にも必ずあります。皆さんも生まれてから必ず一度は使ってらっしゃいます。それは病院です。だってターゲット、動かないでしょ。この村で三八人が亡くなりました。その三分の二は女性と子どもです。生まれたての赤ん坊と赤ん坊をおなかに抱えた女性になります。

なんでこんなに激しい戦闘がいまだに続いているんでしょうか。戦闘や戦争の原因は決して一つではありません。複雑なものが絡み合って戦争は起こっているし、続いていきます。ただコンゴの場合、戦闘を起こして激しくしている最も大きな理由が一つあります。それはこの教室の中にもあります。たとえばこれもそうですね。この中にもあります。このプロジェクター。例えば僕も使っていますあのパソコンの中も、そうかもしれません。今、皆さんお手持ちの携帯電話やゲーム機、あらゆる電子製品に含まれるいわゆるレアメタルです。取れる量が少ない、取れる地域が偏っている、値段が高いという資源として、金やプラチナやダイヤといった貴金属もあります。この二つの資源をめぐってこの国では長く激しい戦闘が未だに続いています。

●問題を自分事にする

僕が初めてコンゴに行ったのは二〇〇七年です。コンゴの移動はちょっと大変です。ジャングルの道で雨がたくさん降ると、下がぬかるんでいるので、車が何台も通っていくとタイヤの轍が二〇センチとか三〇センチにもなるんです。四輪駆動で移動しても一〇分に一回くらいスタックします。これを掘り起こしてまた進んでいくと一〇分後にはスタックする。そんなことを繰り返しながらコンゴという国の大きな街から、元子ども兵の社会復帰の支援をしている施設をおいている小さな町まで一〇時間くらいかけて移動していきます。

考える時間がたくさんありました。だからいろんなことを考えていました。するとふとこんなことを思うんです。この国では二〇年以上戦闘が続いている。そして二〇年以上の戦闘で亡くなった人の数は五四〇万人です。今も一万人の子どもたちが、このコンゴの東側のジャングルで戦っている。そしてこの国の戦闘の一番大きな原因はこの国で取れるレアメタルや貴金属といった資源をめぐるものだ。ではこの国で取れる資源って、いったい誰が使っているんだろうと考えたんです。そしたらすぐ気づくんですよね。僕らなんだなって。きちんと申し上げます。僕なんですよね。だからすごくショックでした。

だって支援をしているコンゴの元子ども兵士やコンゴの紛争で傷ついた女性たちの足を踏みつけながら支援しているようなものですもんね。だって自分の買っているものの中に、自分の選んでいるものの中に、目の前の問題の、目の前の戦争の、目の前の被害者の原因が含まれている。そんな自分が支援をしているなんて、こう思ったんです。「ああ、偽善なんだな」って。わかりやすく申し上げます。こう思ったんですね。「ああ、僕もいやらしい大人になったんだなあ」って。わからなくなりました。自分のやっている仕事の意味とか価値とか、わかんなくなったんです。だから考えるしかありませんでした。

いろんなことを考えます。不思議なんですが、考えているうちにいろんな人の言葉が浮かんでくるんですね。余談ですけども、人って人の言葉によって救われることがあるんだなって思います。いろんな人の言葉に、特に皆さんは学生の間のうちに触れておいた方がいいと思うんです。たくさんの本を読んだり、尊敬する先生の話を聞いたり、大好きな人の言葉を聞いたり、その言葉がいつかきっと何かの時に自分を支えてくれると思います。

僕はとても尊敬している会社の社長さんに言われた言葉をふと思い出しました。いつもこんなふうに言っていました。ちょっと厳しい言い方なので皆さんには失礼になるかもしれませんが、言われたままに言ってみます。「あんたは何のために目の前のそれをするんだ？　君は誰のために目の前のそれに取り組むんだ？　たった一回きりの命を使って単に時間が終わるのを待っている。単に時間が流れるのを待っている、作業で終わらせたいのか。君はそれとも、たった一回きりの命を使ってでも大切な誰かのために大切な何かのために自分がここにいた、自分がここで頑張った証明を残す仕事をしたいのか。君は一体どっちなんだ。何のために誰のために、その問いは目の前の作業を命を使ってでもやるべき仕事に変えてくれる。君は一体どっちなんだ?」。いつもそう言われていました。

僕はわかっているつもりでいました。わかってなかったんですよね。本当にわかる、理解するって頭で知って、心でわかって新しい行動を起こして新しい結果が生じた時に初めて理解しているっていえる。だって自転車の乗り方知っていても自転車の乗り方わかったっていえないですもんね。自転車に乗れるようになって自転車の乗り方わかったっていえるんですもんね。だから僕はその言葉、わかってなかったんです。だって自分自身見つめてなかったから。自分を見つめるのって辛いですもんね。心はコロコロ変わっていきます。でもこの時ばっかりは自分を見つめなければなりませんでした。

自分の選択するものの中に、子ども兵やその国の戦争を起こしている原因が含まれているかもしれない。そこで生まれて初めて当事者性、わかりやすく言うと「問題を自分事にする」ことに直面したんだと思います。だから考えるんです。いろんなことを思います。そしてこんなことに気づきます。どの国からきたかわからないような資源を使っている製品を無意味に買い換えてしまうことが、こういう戦争を激しくしたり、例えば子ども兵を生み出したり、あらゆる社会の問題をつくり出しているのかもしれない。とするならば、それがどの国からきたか関心を向けることはできるかもしれないですよね。一歩踏み込んでいくならば自分で買うものを選ぶことができるかもしれません。そうやって影響をもたらすことはできるかもしれません。そう思ったんです。

●私たちに何ができるのか

他でもこんなことがあります。僕はあんまりお金がないので関係ないんですが、私もテラ・ルネッサンスから一応お給料をいただいています。職員にも僅かですが払っています。皆さんから貴重なお金を寄付や会費でいただいています。僕は戦争反対です。平和が大好きです。戦争反対、平和が大好きな僕がそう言いながら預けている日本の金融機関が、戦争している国の国債をたくさん買っていたり、武器をつくっている会社に投資や融資をしているということは特に日本は多いです。もう皆さんもご存知だと思います。

皆さんの地元や京都にも信用金庫や信用組合っておありだと思います。信用金庫や信用組合は営業区域が決まっていますので原則でいえば僕らが預けたお金はその営業区域の中小企業の皆さんや自営業の皆さんや、僕らみたいなNPOにお金を貸し出していって、お金を地域の中でまわすのが彼ら信金信組の役割です。そうやってお金をわざわざ平和じゃないものに使われる必要性はない。何を申し上げたいか。いや、どの銀行がいい、金融機関がいい、悪い、どの国がいい、悪いということをここで申し上げたいんじゃないんです。たった一つだけ申し上げたいことがあるんです。僕らには「選ぶことができる」ということです。僕らには選択をすることができるということです。

僕ら一人ひとりの中に、子ども兵や戦争や自分の身の回りの何より自分自身の問題の原因が少しずつ含まれているんだ。ちょっと勇気を出して認める限り、私たちの内側に生まれてくるものは「選ぶ力」です。言葉を言い換えて申し上げます。それは「未来をつくる力」です。だって原因を変えたら時間はかかっても、そこから生じる結果は変わるはずですよね。だから、少し勇気を出して自分の中に社会や世界や様々な問題の原因がちょっとずつあるんだと認める限り、私たちのささやかな決意や、私たちのささやかな行動や、私たちのささやかな変化は必ず、この世界にささやかな変化をもたらすことができる。青臭いかもしれませんが、死ぬまで皆さんにこう申し上げます。私たちは微力ではありますが、決して無力ではありません。微力と無力はまるで違う。何のために、誰のために勉強したり、働いたりしているのか。それをしっかり明確にしようとさえすれば、私たちの中に生まれてくるものは「選ぶ力」、それは「未来をつくる力」です。

その視点で世界を見回すと実に面白いことに気づきます。例えばある時期のイギリスでは、こんな新聞がたくさん出てきました。ダイヤモンドのネックレスから血が滴っています。この新聞広告にはこう書いてあったんです。「あなたは心から愛する人に、その血塗られた紛争の原因になっているそのダイヤを欲しいって言えますか。あげたいと思いますか?」と。『ブラッド・ダイヤモンド』という映画を是非ご覧いただきたいんです。あの映画が描いたのは実際にあったアフリカの二つの国の戦争です。リベリア、シエラレオネといいます。この二つの国の紛争は、ここで僕が紹介するのも憚られるようなことがたくさんありました。そしてこの二つの国の戦争の原因は国際連合も認めています。ほぼ一〇〇%、ダイヤモンドの利権をめぐるものです。ではそのダイヤはどこに行ったのか調べてみるんです。一つはイスラエル。そしてもう一つがシエラレオネの旧宗主国、いわゆるイギリスに渡っていたんです。だからイギリスの若者たちが自分たちの問題として「自分たちに何ができるんだろう」って考えるんです。そして新聞広告を出すことにしたんです。

だってそうですよね。問題って、みんなが問題だと思わない限り、問題にならないんです。皆さんも忙しいですよね、学校に勉強に遊びもあります。先生方もそうだと思います。こんな忙しい時代に、たった一人「これは、社会の問題なんだ。これは学校の問題なんだ。これは恋人同士の問題なんだ。これは大切な問題なんだ」って自分だけで思っている限り、友だちや家族や社会からすると、こう思われるに決まっています。「それはあんたの悩みでしょ?」って。「あんたの妄想でしょ?」って。だから皆さんも本当に解決したかったら友だちに相談されますよね。学校の先生に相談されるかもしれません。親御さんや社会の然るべき人に相談されるかもしれません。二人以上に共有された悩みや問題意識は、その時初めて解決すべき社会課題に生まれ変わっていく。だから伝えることが大事なんですよね。言葉や態度で人に伝えていく。恋人や友だちに真剣に話をしていく。そうしてわかりあえた時に初めて問題が問題になり得る。

イギリスの若者たちはみんなに問題を知ってもらおうとお金を出し合って新聞広告をつくります。この新聞広告を見た若い人たちが宝石屋さんに行くんです。そして聞くんです。「このダイヤ、どこで取れたの？　どこで加工されたの？　それ証明しないと俺たち買わないよ」。そんな活動が重なりあって今「キンバリープロセス」という、ダイヤがどこで採れて、どこで加工されたか証明しないと取引してはいけないという仕組みもでき上がりました。

日本でもこんなことがありました。福島県の会津若松で子ども兵の話をしたことがあります。欧州の携帯電話製造メーカーの下請け会社がコンゴの武装勢力と裏取引して安くレアメタルを仕入れていたんです。それで部品をつくって携帯電話製造メーカーに納めて莫大な利益をあげていて、そのことが批判されていた。その話をした時に、その会場にいた、三〇代で二人お子さんがいる福島のあるお母さんがすごくショックを覚えるんですね。自分の子どもと、その子ども兵の姿を重ね合わせるんです。彼女はこう考える。「自分の携帯電話はどうなんだろう」って。日本の携帯電話をつくっているすべてのメーカーに手紙を書き始めました。こんな内容でした。

「私は会津に住む一人の主婦です。子ども兵の話を聞きました。とてもショックでした。だって自分にも子どもがいるからです。携帯電話に使われるレアメタルがその国の戦争を激しくさせているって聞いたんです。じゃ、私の使っている携帯電話はどうなんだろうと思いました。でも私にはよくわかりません。携帯電話を使うの、やめようかと思いました。でもＰＴＡでいるんです。パートでいるんです。だからわがままかもしれませんが、あなたの会社にお願いがあるんです。あなたの会社でつくっている携帯電話にはアフリカのその戦争の原因になるレアメタルは使わないでください」。

一社、一社丁寧に、丁寧にお手紙を書いていきました。結論から申し上げます。九九％の会社から返事がきます。結果、どうなったか。今、日本製の携帯電話やタブレットに関して言えば戦争に関連するレアメタルは原則使われていません。メーカー自体が、それを問題だと思うようになったからです。

一人のお母さんです。世界の出来事を、子ども兵のことを自分のこととして受け止めた、一人の主婦です。自分にできることを繰り返し、繰り返し、繰り返し続けることによって企業が真摯に応え、問題が明らかになった瞬間でした。みんなが問題だと思うと、少しずつ変化をし始める。僕はそんな伝えることの大切さを、このイギリスの若者たちや福島のお母さんから学びました。今、私だけではなくてテラ・ルネッサンスの職員は、いろんな場所に行ってお話をさせていただいています。お話を聞いていただいた人の中から支援をしたいとか、募金をしたいという人が出てきて、今、現場でも活動を続けることができています。

●ウガンダでの支援活動

ウガンダの場合、この一〇年間で一九四名の元子ども兵たちの社会復帰のサポートをしてきました。一人あたり三年かけます。最初の一年半は食費や医療費をサポートします。その代り、勉強するために僕らの施設に毎日通ってきてもらいます。ちなみに申し上げると食費や医療費は現金では渡しません。現金で渡すと先に借金清算に使っちゃうかもしれません。またトラウマを抱えていると、麻薬やアルコールに走ってしまう事例が結構多く見られました。そこで我々が設定した、決められたお店でしか使えないクーポン券として食費や医療費をサポートします。

もう一つ意味合いがあります。そのクーポン券は原則としてウガンダの地元資本のお店や薬局や病院でしか使えないように設定しています。なぜかというと子ども兵だけ豊かにしてもダメなんですよね。支援対象者だけ力強くしてもダメなんです。究極でいうと支援対象者を受け入れる地域も、徐々に徐々にですけども、巻き込みながら豊かにしていかないと、結局また格差や差別を生み出すだけだし、本当の自立にはつながらないと我々は考えます。その地域の中で皆さんからいただいたお金をまわすことによって地域住民の理解も得られる。

そういう仕組みをつくって一年半、食費や医療費をサポートしながら毎日、私たちの施設に通ってきてもらいます。職業訓練は、すぐお金になるような服のデザインや服のつくり方、男性は木工大工といって家具をつくることが多いです。もちろん心理的なケアも行います。これは専門家と提携しながら、私どもの現地職員が一対一のピア・トゥ・ピアカウンセリングと、グループワークを基本として心理社会支援を行っていきます。

最終的にどうするかというと、一年半たった時点で今度は一〇%利子をつけてお金を貸し付けて、みんなに仕事をしてもらいます。その結果どうなったかと申し上げると、この一〇年間で私たちの支援の手を離れたのは一七〇名います。支援を受けてみんな働いています。グループや個人で起業しています。支援を受ける前は月収一二八円でしたが、支援後の収入は約七〇〇〇円です。これはウガンダでいうと現地の公務員の給与と同じ、比較的高い水準です。

それに伴い、周囲との関係性も改善します。アンケートをとったものを数値化したものですが、支援前は二六%しか周囲との関係ができなかったのが、八四%が関係が改善したと回答しております。それに伴って、どう数値化するか難しいんですけども、自尊心も改善してきました。なぜかというと役割があるからです。役割に伴う出番があるからです。自分の命や自分の使命を果たす場所を自らつくっているからです。

人は役割を自分と自分の周囲の関係性の中で見つけることができた時、もう一歩前に踏み出そうとする勇気がわいてくる。僕らはこれを「レジリエンス・アプローチ」といっています。その人の持っている回復力、その人の持っている力そのものを信じて、その力を引き出すためにサポートをしていく。それが私たちテラ・ルネッサンスの支援のあり方です。それはカンボジアでもラオスでもウガンダ、コンゴ、ブルンジでも岩手でも全く一緒です。

●二〇一一年三月一一日ウガンダからの一本の電話

こんな変化をもたらしたウガンダの元子ども兵士たちやウガンダの職員たちが、実は私たちに人として、人に関わる仕事をするものに大事なことを教えてくれた、ある一日があります。それが二〇一一年三月一一日でした。あの日かかってきたウガンダからの一本の電話が私たちに大きな気づきや学びを与えてくれました。先に僕たちが何をやっているのかを申し上げると、「大槌復興刺し子プロジェクト」というのを四年前から実施しております。皆さん、もしかしたら関係者の方がいらっしゃるかもしれませんが、活動している街は岩手の大槌という町です。人口の一割の方が亡くなったか、行方不明のままといわれているところです。

ここの避難所でおばあちゃんたちにたくさん出会う機会がありました。いっぱいいるんですね。口々にこう言われたんです。「やることがねぇ」って。「やることがなさすぎて避難所になっている体育館に草むしりしようと思って行ってみた。そしたらババァだらけだった」って。みんなやることがないから同じこと考えてそこに集まってくるわけです。最後にこういわれたんです。「やることがないと考えるのはあの日のことばかりだった。やることがないというのがどういうことか、あんたにはわかるのか?」といわれました。

調べてみると、岩手の沿岸北の方には小さな縫製工場、服をつくる工場が多かった。内職で自分の家で縫い物やミシンも使って洋裁をしている人が多い地域でした。だったら糸と布と針さえ提供すれば、お仕事になるかもしれない。あの避難所でも小さな仮設住宅でも場所をとらなくて済む。何よりも縫っている間は集中することができるから考えなくてもいい。まずは布巾とコースターをつくってもらうことからこのプロジェクトは始まりました。

今では、Tシャツや僕の名刺入れもそうですが、あらゆるものをつくっています。この四年間、一八〇〇名のおばあちゃん、女性たちに約二六〇〇万、賃金としてお支払いしてきました。今日、渡辺先生や司会をしてくださった子たちが着ているのもそのおばあちゃんたちがつくったTシャツになります。よかったらまたご覧になっていただければなと思っています。

僕が大好きなおばあちゃんがいるんですが、このおばあちゃん、すごいんです。縫うの、速いんです。最高月額九万、トータル六〇万稼いでいます。布巾やコースターしかない。そんなに買い取り代金は高くありません。だから結構、徹夜もしています。がんばっています。理由があります。彼女には一人だけ妹さんがいました。妹さんは町の中で焼き鳥屋をやっていました。妹さんは、残念ながらあの日お亡くなりになりました。彼女は七〇歳でしたけど、焼き鳥屋を再建するんだって決めるんです。自分の手で再建する。それが私の妹への向きあい方なんだって。自分で決めた目標だから人のせいにしなくていいんです。自分が納得した目標だから自分で責任をとろう。それが英語でいうところの、本当の意味でのコミットメントです。彼女は自分の宿命や人生から逃げなかったんです。だから縫い続ける。縫い続けて、縫い続けて、二〇一一年の一二月一七日に妹さんがやっていた焼き鳥屋さんを再建することができました。そしてうれしいことに今も続いています。

皆さん、お金とか時間とか大変かもしれませんが、旅行でもいいからやっぱり一度は是非現場、東北に行っていただきたいんです。大学でもフィールドワークで福島に行かれたと先ほど聞きました。行ってほしいんです。見ていただきたいんです。市民の方、お子さんやお孫さんがいたらぜひ行っていただきたいんです。なぜか。必ず僕ら日本人は忘れます。でも僕たちは忘れないって決めたはずなんです。就職してからでもいいかもしれません。是非機会があったら触れてほしいんです。

見てほしいんです。伝えてほしいなと思います。

僕があの日、何をウガンダの元子ども兵士から学んだかというと、こんな一本の電話からでした。先に申し上げると僕らテラ・ルネッサンスは、あの日、一日中とても悩んでいました。何を悩んでいたかというと、正直申し上げると我々テラ・ルネッサンスが東北地域で活動支援するかどうかでした。

二つ理由があります。一つ、それまで僕らは国内の災害現場の支援をしたことがありません。やらないって決めていました。だって支援組織には限りがあるからです。NPO、NGOや社会福祉系の団体には、なんでもやりたがろうとする悪い癖があるんですよね。でも時間も資源も限られています。プロになるためにはやらないことを決めることもとても大事なんです。だから私たちは海外の紛争に関連する支援をする。それしかしないんだと決めて一五年前に設立をしました。そうやって活動を一つひとつ続けてきました。

でもやっぱり心動かされるんですよね。あの日、何かできることがあるんじゃないかなと思いました。何かすべきなんじゃないかなと正直思いました。でももう一つ大きな壁があるんです。お金の問題でした。職員にも給料を払っています。国内の支援を始めたから海外の支援を減らすってわけにもいきません。だっておんなじ人の命ですから、人の命に遠いも近いも関係がありません。ぶっちゃけて申し上げるとテラ・ルネッサンスが潰れるんじゃないかなと思いました。特に災害現場の初期の段階なんて、どれだけの人手やお金がかかるかわかりません。皆さんからみたら小さい大人に見えるかもしれませんが、すごく悩んだんです。

そんな時に、トシャ・マギーという僕らが採用した現地の職員から一本、電話がかかってきます。たまに日本にくるので、もし機会があったら皆さんにも彼女の話を聞いてほしいと思います。少し彼女の話をします。彼女はウガンダの近くで生まれました。お母さんはすでに病気で亡くなっていて、お父さんと兄弟と仲良く暮らしていました。家は貧しかったんです。一年遅れの七歳の時に学校に通います。友だちができます。初めて勉強というものをします。急いで家に帰ってお父さんや兄弟たちに伝えようと思ったんです。けれどどうなっていたか。家族全員ロープで縛りあげられていて家は火がつけられていました。その国で起きたフツとツチという二つの部族の虐殺に家族が巻き込まれたのです。彼女は家が燃え落ちるまでその場を離れませんでした。すべてを見届けてから山に逃げ込みます。寂しかったんですね。木に名前をつけるんですね。「この木はパパだ。この木はママだ」って。

そうやって難民として転々として、ウガンダに一三歳で辿りつきます。難民キャンプを逃げ出して住み込みで働ける家を見つけました。自分で金稼がなきゃいけないと思ったんです。彼女は英語さえ勉強したら、もっといい仕事が見つかるって思ったんです。その家で聞こえてくるテレビとかラジオの音を聞いて英語を勉強しようと思いました。だけど文法がわからないですよね。単語がわかんないんですよね。それでその家のご主人のお子さんたちにお願いしたそうです。「英語を教えてほしい」って。そしたらそのお子さんたち、優しかったんですよね。「いいよ、教えてあげるよ。お前、殴らせてくれたらね」って。殴られたり蹴られたりした後、単語を一つ教わるんです。勉強って命がけでやるんです。勉強って生きるためにやるんです。

そうやって彼女は英語を学び、そして二〇歳の時に不動産会社に就職をします。初めてのお給料で何をしたのか。その町にいた四人のストリートチルドレンを自分の子どもとして引き取りました。「なんで、そんなことができたの?」と彼女に一回聞いてみたことがあります。すると彼女こう言うんですよね。「あたりまえでしょ。人は、この人のために、この人たちのために生きてみたいと思う時が必ずくる。そう思えた時、人は初めて本当の人間に、本当の大人になれるんだと私は思うんです。だから私はその子たちに『おかあさん』って呼ばれた時、初めて本当に人間になれたような気がするんです。だから、その子たちと一緒に暮らそうって決めたんです」。

その後、給料が三分の一になるのにテラ・ルネッサンスに就職してくれます。僕らの考え方が正しいかどうか、一人ひとりに未来をつくる力があるって彼女は確かめたかったそうです。私にもその力があるのだろうか、あの元子ども兵の人たちにもその力があるんだろうか、確かめたかった。彼女がいてくれたから、あのウガンダの元子ども兵たちの社会復帰プロジェクトがある一定の成果を収めることができたといえると思います。不思議なんですよ。彼女の前にくると元子ども兵の人たちは、心を開くんですよ。だから彼女が僕たちにいつも言ってくれます。「人の苦しみや悲しみは、いつかきっと誰かの苦しみや悲しみを癒すことになる」って。だから彼女は日本での講演の時に、いつも最後にこう言うんです。「Life is so beautiful.」って。人生ほど美しいものはないよ、どんなことがあってもね。

そんな彼女が三月一一日の夜中にウガンダから一本電話をかけてきました。こんな電話でした。「ウガンダでもあの津波の映像を見ることができた。たくさんの人が苦しんでいる。悲しんでいる。あんな優しい日本の人たちが」。日本の皆さんが私たちにどんなに寄付をしてくださっているか、みんな知っているんです。テラ・ルネッサンスの収入の八割は自己財源、多くは寄付や会費、ほとんどの人は学生さんや主婦の方ですが、例えば中小企業の社長さんが個人単位で毎月寄付をしてくれています。この前も嬉しかったです。愛知の幼稚園児が子ども兵のことを知って自分たちに何ができるか話し合って、一カ月間おやつガマンして、それを寄付してくれました。それがつもり重なって年間一億二〇〇〇万、皆さんからお金をお預かりさせていただいています。

彼女は言うんです。「じゃ、あの人たちのために今、私たちは何ができるんだろう」って考えたんだって。募金しようということになったそうです。ウガンダの元子ども兵たちが稼いだお金の中から少しずつ、少しずつお金を出し合います。半日後どれぐらい集まったか。日本円に直すと、約五万円です。ウガンダの公務員の平均月給が七〇〇〇円の国の五万円です。どれぐらいの価値になるかは皆さんおわかりいただけると思います。自分たちのために使ったらどんなことができたんでしょうか。いい服が買えたかもしれません。いい食事がもらえたかもしれません。私どもが受け入れている元子ども兵の平均年齢は二八歳ですから子どもがいます。自分の子どもにいい教育が与えられたかもしれません。でも自分たちも豊かな日本人のために捧げてくれる。

二〇一一年、わが祖国日本はアフガニスタンに次いで世界で二番目に世界中から支援を受ける国になりました。世界があの時、私たちを支えてくれたんです。トシャがその電話で言うんです。「これで毛布買ってあげて。寒いでしょ。辛いでしょ」。最後にこう言われたんです。「じゃ、あんたたちは何をするんだ」って。同じ日本に住んでいるアンタはなにをするんだって問われたんですよね。恥ずかしい話ですが、その時、初めて僕の中でやるか、やらないか二つの選択肢がなくなりました。どのようにやるかって、たった一つの選択肢が浮かんできたんです。だから東北の皆さんとかかわらせていただこう。大きな団体ではないので大きな支援はいっぺんにはできません。一〇年間はかかわり続けるって支援者の皆さんとお約束をしてきました。あと五年ちょっとあります。経営的にはいわなきゃよかったなということはたくさんありますが、約束なんですよね。皆さんもそうですよね。約束って果たすためにありますよね。約束は果たすべきものです。だから続けていこうと思います。

●三つのお願い

僕はこんな活動を二〇一一年の一〇月になんとか始めて今はいろんな人にかかわっていただけるようになりました。今日も渡辺先生のご縁で、こうやって花園大学の皆さんにお話ができました。でも今でも三つ悩むことがあります。一つはやっぱり人手が足りません。やりたいことがあるのに人手が追いつきません。もう一つあります。その背景にあるんですが、やっぱりお金が足りません。でも、これは目に見える課題ですから、ちゃんと目標設定して多くの方にご協力いただいて一つひとつやっていけば解決できると思います。

だけど僕は三つ目がしんどいです。僕はとても小さい、弱い人間です。だから一人になるといろんなことを考えます。講演が終わったあと、今日も帰りの電車の中で絶対考えるんだと思うんですけども、思いだすことがあるんですよね。例えばカンボジアに行ったことを思い出します。周辺部に行けば、まだ地雷原の近くで遊んでいる子どもたちはたくさんいます。コンゴに行ったことを思い出します。ジャングルの中で、ここではいえないような体験をした少女兵士にたくさん、たくさん出会いました。日本でも悔しいことって、やっぱりいっぱいあります。一番悔しかったのは、ある県の中学校です。お話を一生懸命聞いてくれた男の子がいたんですが、学校やご家庭のご事情だったと思うんですけども、自分で命を止めなければいけませんでした。何もしてさしあげることができませんでした。

もう一つ悔しかったのは、ちょうど一〇年前の一一月五日のことです。私の父はとても腕のいい大工でした。中卒で大工になるんです。親父が小学校二年生の時に親父の父、私の祖父が病気で亡くなっているので私の父は弟を高校に行かせるために中卒で大工になりました。そして僕を筆頭に五人兄弟を育ててくれました。ちょっと事業に失敗しちゃったので大きな街から人口一〇〇〇人くらいの村に引っ越しをします。僕が小学校一年生の時でした。小さい村です。大工だけでは暮らしていけませんので、農家もやっていました。そしたらその日、毎年うまく運転していたトラクターごと崖にひっくり返るんですよね。五二歳で死にました。僕は二五歳までは自由にしてほしいって父と約束をしていました。でも自分の親父すら何かが変わったところ、何かを変えたところを見せてあげることができませんでした。

だからこんな活動をしていても、今日こんな話をしていても、皆さんに申し訳ないんですが、こういう気持ちが湧いてくるんですよね。「こんな仕事をして何が変わるんだろう」って。「この話を聞いて、あなたは何を変えてくれるんだろう」って。いつもそう不安になります。恐くなります。ただそんな時に僕は、僕らはこんなことを思うようにしています。「私たちの目の前に二つの未来が、二つの選択肢がある」ということです。

一つ目の未来は安心して学校に通い、仲のよい友だちと遊び、家族と一緒にご飯を食べることができる子どもたちのいる未来。もう一つは、たった一つの地雷を踏んで怪我するだけではありません。孤独や苦しさや悲しさや憎しみや、あらゆる感情にたった一人で泣きじゃくりながら耐え、そして消えていく。そんな子どもたちのいる未来。この二つの未来が今、私たち一人ひとりの目の前にあり続ける。そう思うんです。この二つの未来、どちらかを選ぶのは、この子たちではありません。だってこの子たちは未来の子どもたちですから、まだ生まれてきていません。つまり、この二つの未来、どちらかを選ぶのは今、ここに生きている私たちです。

そして僕はその「私たち」という言葉が世界で一番大嫌いです。僕ら大人はよく使いますよね。「私たちでやろう」って。「私たちの責任だ」。綺麗な言葉です。美しい言葉です。でも「私たち」って一体どこの誰なんでしょうか。この二つの未来を、どこの誰がいつ、あなたご自身の心の中で命を使ってまでも、一緒にいたいと思える人たちの未来を決めることができるんでしょうか。この二つの未来、どちらかを決めるのは、ご自身です。今日、ここにお集まりくださったあなたご自身です。今、皆さん、お一人おひとりの心の中で未来の子どもたちは笑っているでしょうか。泣いているでしょうか。そして皆さんが本気で大切にしたい人たちは皆さんの選んだ社会の中でどんな顔をしているでしょうか。是非想像していただきたいんです。僕は信じています。想像こそが自分と社会を変えていく。だから是非皆さんの心の中で想像していただきたいなと思います。

最後に、ウガンダの元子ども兵士たちが、どういうように変化をしてきたのかということを簡単にまとめさせていただきます。元子ども兵士たちは、最初本当に自分たちは何もできないといっていました。でも自分の役割と出番を学びの中で見つけることで少しずつ、少しずつ自分たち自身を変えていくことができました。元子ども兵士が私たちに教えてくれる大事なこと、それは「人は変わることができる。自分と周囲を変えることができる。そのために必要なものは周囲の適切なサポートと、そして時間」なんだと思います。だからこそ私たちはゆっくりと社会全体を見回しながら思いを馳せていくことが大事だと思っています。

いつも三つお願いをしています。一つは、是非事実を知っていただきたいと思います。次に、できることを続けていただきたいと思います。最後に、是非周りに伝えていただきたいんです。

一番お願いしたいことは、まず事実を知っていただくことです。今日、すぐできることがあります。友だちに、家族に、先生や後輩に、目の前の勉強や仕事にもうプラスαの関心を持っていただきたいんです。いつも僕らはマネジメントの先生から教えていただきます。一番大切なことは一番大切な人やことを一番大切にすることだ。僕らは時々順番を間違えてしまいます。人権とは人に思いを馳せることです。まずは皆さんにとって大切な人って誰なんでしょうか。その大切な人に思いを馳せることから、それは今日すぐにできることです。そして厳しい言い方で申し上げます。それすらできなければ私たちは遠くの人に思いを馳せることなんてできません。是非目の前の大事な人や目の前の友だちに、もう一歩関心をもってかかわってみようという勇気を持っていただけると、この社会はよりよく変化をしていくと思っています。私の話はこれで終わらせていただきます。皆さん、どうもありがとうございました。

（第29回花園大学人権週間・二〇一五年十二月八日）

すべての命に花マルを

——生きることに他者の承認はいらない

朝霧　裕

●私のこと

はじめまして！　朝霧裕と申します。さいたま市からきました。私は、普段、シンガーソングライターとして、歌を歌ったり、本を書いたりしています。

私には、ウエルドニッヒ・ホフマン症という先天性の難病があり、そのために、走ること、立つこと、歩くこと、重いものを持ちあげるなど、ほとんどの生活動作ができません。着替え、トイレ、お風呂、食事作り、電車の乗降の付き添いなど、多岐に渡ることに介助が必要です。

実家は、埼玉県比企郡滑川町というところにあります。二二歳のときに親元を出て、介助を得ての一人暮らしをはじめました。

家を出た理由は、実家はとても田舎で、公的な介護制度が日本にはまだなくて、「養護学校（現：特別支援学校）を卒業した後、生活介助をどうするか」に行き詰まりを感じていたからです。私が二〇歳前後の当時は、町の社会福祉協議会などによる福祉サービスも、身寄りのない高齢者が緊急時に通院をする付き添いというくらいしかありませんでした。「このままずっと家にいては、母が倒れたときには私も人生が終わり。必然的に、母と共倒れになる」と、一〇代半ばから、強い不安を感じていました。

この世界にはどんな人がいるのか。自分以外にも車いすの人や、障害を持つ人はいるのか。その人達はどこにいるのか。「養護学校を出て、一生涯、病院や入所施設に入る。それだけが、私の一生ではないはずだ」と。そんな思いが強くありました。

まだ養護学校の中しか知らなかった一〇代の私は、ただとにかく、何も見ないまま死にたくはなかった。自分の世界を広げたかったのです。

二〇〇三年に、障害を持つ人を支援する介助ヘルパーが、有償の仕事として国に認知され、日本の歴史の中ではじめて、「職業」として正式に認められました。元々、介護制度は私達の親世代の障害を持つ方々が施設から地域に飛び出し、それを支えた学生や主婦のボランティアさん達の存在があり、

「私達に給与保障を！」

「私達介助を職業として認めて！」

と、障害を持つ人と、当事者を支える人達とが一緒になって国に働きかけたことから、ようやく成り立ったものです。

無償ボランティアが悪いわけでは決してありませんが、ボランティアさんの側の都合でスケジュールが決まってしまったり、時には無償だからこそのドタキャンもあったりと、三六五日介助が必要な私の生活を、ボランティアさんのみでまわしてゆくのは不可能なことです。

福祉予算として、介助に従事する人達に国がお給料を保証する、支援費制度がはじまったことが、私の一人暮らしを大きく後押ししてくれました。

●「お願いの福祉」を変えたい

生活は、主に介助者の日勤が朝一〇時から夜七時まで、夜勤が夜七時から朝一〇時まで二四時間の体制で、介助者がいて成り立っています。基本一対一の、女性介助さんが一人と、私が一人。

一人暮らしの初期は、ごはんの炊き方もお味噌汁の作り方もなんにもわかりませんでしたから、すべてがチャレンジ。介助者も学生さんが多くて、一人暮らしの初期は年齢が極めて近かったですから、「障害があっても、どこにでも行ける、なんでもできる街を一緒に作ろう！」と、『ともに動く仲間同士』という感覚でした。二〇代前半の頃は、もう一〇年以上前ですから、街もまだまだ階段ばかりです。エレベーターが無い駅がほとんどで、エスカレーターに、前輪を一段上の段差に乗せるようにし、車いすを斜めして駅員さんに支えて貰いながら乗ったり、何十段もの階段を、介助さんに抱え上げて貰ったり、五、六人、行き交う人を呼び留めて、階段を持ちあげて貰ったり、設備のバリアも本当に大変でした。

夜勤も含めた長時間介助を使いながら一人暮らしをしている人がまだ少なく、行政へ行っても、「えっ?! そんなに介助が必要なのに、施設ではなくアパートに暮らすなんて、何かあったらどうするんですか」

「少しくらいは、ご自身でできることもあるんじゃないんですか。介助さんにそんなに全部甘えていないで、少しは自分の力でもやらないと、力だって弱くなっちゃいますよ」

と、支援費制度ができたにも関わらず、「この人に望むだけの介助を認めるか、認めないか」で、再三の押し問答があり、長時間の介助は、「本当は自分でできることをやらないで、介助さんにやってもらおうと甘えている」と疑って見られることとさえありました。

私はそのたびに、「本当に歩けないし、手すりにつかまっても歩けないし、着替えも、一人ではできないし、トイレも一人では行けないし、本当に、介助が必要なので、どうかお願いします。長時間介助を認めてください」と、御百度参りのごとく区役所に通って、お願いをして、お願いをして、介助が必要ということを行政の方々に理解していただく必要がありました。

一人の人が、描きたい夢を描き、住みたい街に住み、「人生の中でこのやりたいことにチャレンジしたいんだ！」という夢や目標を持った時に、皮肉にも介助制度の仕組みこそが壁になって「あなたにその機会を与えるかどうかを、区としても会議をしますから」と何度も何度も、誰かに人としての意志を阻まれたり、「あなたは障害者だから、トライする権利はないから」と、行動を諦めさせられることなど、本来であればあってはならないはずです。

どうして障害を持っていると、ただ、自由意志で暮らすだけの権利が、こんなに「戦って、戦って、勝ち得なければ得られないもの」になってしまうのか。

たぶん、気の弱い人では「じゃあ、もう、福祉施設に暮らします」と、心が折れてしまうかもしれない。かなり強く、ものを言わないといけない。そのような外圧を時に行政からさえも受けなければ、「住むこと」「暮らすこと」「外出すること」などの権利を得られなかった。

「二四時間の介助体制の元で、親元を離れた生活にも、仕事にも、余暇活動にも、志すところにチャレンジし、人間の尊厳の元に生きたい」

たったこれだけのことが、未だ多くの人にとって叶い難い環境にあります。

「私はホントに、何と戦っているのか」

家を飛び出し、外出や、泊りを含めた夜勤などの介助保障を獲得するための行政交渉に出向くうちに、「なんでこんなに『お願い』をしなければ生きていけないのか」、沸々と疑問を抱くようになりました。

今でこそ街の風景は変わりました。けれど、街の中でも、「すみません、この階段をあげてくださ い、お願いします」「すみません、手を貸してください。すみません。ありがとうございます」と、何万回も言い続けてでも外に出る。そのように生きる中で、「すみません、すみません」「お願いします、お願いします」と、生きることを引け目に思わなくても、私、生きていてもいいんじゃないかなあ、と思うようになりました。「動けなくてかわいそうな人をお世話してやる」「公的制度が、助けてやる」。これでは凄くおかしい。障害者は「動けない人」「かわいそうな人」「何もできない人」なのだろうか。その姿を作り出しているのは、私達のどんな偏見であるのか。

「支援がなければ、何もできない人」ではなく「支援さえあれば、アクティブに動ける人」と、言葉一つを変えるだけだって、障害を持つ人へ注がれる視線の意味は大きく希望を帯びてきます。

福祉制度が「何もできないかわいそうな人への恩恵」であってはならない。

〈お願いの福祉〉を変えたい。「一緒に変えていこうぜ！」と、隣に立ってくれる仲間が欲しい。

それから、私はこのメッセージを歌、そして、子供でもわかるような、わかりやすい言葉で伝えたい。

そう思って、「歌うための、サポートメンバーを探しています！」と、インターネットの掲示板などに募集記事を書き込み、一人、また一人と、ギターが弾ける人、ピアノが弾ける人など、友人と出会ってゆきました。そして二五歳の時、今日一緒にまいりました奥野裕介さん、それから、今日はおりませんが、私のほぼすべてのライブ写真を二五歳から三五歳まで一〇年間撮り続けてくれた、写真家の三好祐司さんという二人の盟友に出会いました。

この二人との出会いによって、詩に対してのギターでの作曲や演奏、CDつくりのプロデュースを奥野さん、ライブの記録写真を三好さんに支えて貰い、私の人生が拓けました。

音楽に踏み出した一歩目。「お金もないし、コネもないし、本当に何にもないけど、仲間に会えたし身体はあるからとにかくやってみよう」と、何にもないところからのスタートです。

奥野さん、三好さんとは、一〇年間、数え切れないほどの、ライブハウスや学校の階段を、お姫様だっこしていただいて上がったり下りたりしています。もちろん、その全ての日々に介助さんも同行しています。

歌を通じて、障害の有無、世代を越えた本当にたくさんの方との出会いがあります。その中で、ひとりぼっちの、孤軍奮闘ではなく、同じ今日に、できることで共に立てる仲間がいるんだ、と思うことが、日々を生きる大きな力になっています。

●二〇一五年の街で

歌い出してから、一〇年以上が経ちました。今、街を見るとどうでしょうか。エレベーターが無い駅は、全国のどこへ行ってもほぼありません。スロープの付いていない路線バスも、ほぼありません。一〇年前には、スロープバスがまだ街の中にほとんどなく、車いすでバスを待っていても、乗車拒否は日常茶飯事。けれど今では、ほとんどのバスの運転手さんが懇切丁寧に対応してくださいます。

それから、今は、パソコンやスマホからなんでもできる。私が高校生のころまで、大きな冷蔵庫くらいのサイズだった人工呼吸器は、今では車いすの背中に背負って携帯でき、人工呼吸器ユーザーであっても、海外旅行にも行ける時代になりました。

けれど、介助制度や福祉制度の使いやすさ、人々の障害を持つ人への関心度、理解度はどうでしょう。特に介助制度は、国の三年ごとの見直しで、生活が暮らしやすいほうへも、暮らしにくいほうへも、たやすく脅かされてしまう危うさがあります。

介助制度が、二〇〇三年の「支援費制度」から、二〇〇五年の「障害者自殺支援法」とまで当事者に揶揄された「障害者自立支援法」に変わった時には、「制度を使うための自己負担金額が払えない」と言って、知的障害を持つ女性を、その母親が電気コードで首を絞めて殺害し、母親も後を追う親子心中の事件が起こりました。

制度が変わる見直しのたびに、私の生活はどうなるのかと、ピリピリするような障害当事者の暮らし。それでも、障害者自立支援法から現在の総合支援法に切り代わり、

「さいたま市内の外出しか認めない」

「障害を持つ本人の介助はやるけれど、たとえば障害当事者の友達や恋人が遊びにきたときのお茶

入れやごはん作りは一切しない」

「障害をもつ本人の、夫、妻、子供など、家族の介助はしない」

「障害を持つ本人が今いるこの一部屋しか掃除をしてはならない」

など、動けない身で読むと死にたくなるような「べからず集」だった自立支援法から、条文に「基本的人権を享有する個人としての尊厳にふさわしい」という文言が加わり、障害をもつ本人が一家の父親・母親だった場合には、子育てに係る介助も認めるなど、柔軟性が広がりました。けれど、

「通勤、勤務時間、営業活動に移動介助は使えない」

「通学に使うには市の審議が必要」

「一泊の外泊に伴う外出介助には、本当にその外出が必要な外出なのかどうか、書類にして内容を提出し、区役所の審議が必要」

など、整備はまだまだです。

「通勤には介助者を使わせない」と支援課で言われた後に、「生活保護でも希望を持って仕事にチャレンジしてくださいね」と福祉課で言われる。八方塞がりの中で、「障害者や高齢者が生きていると税金がかかるんだよね」と世論に言われる。

「いったい全体、どうすりゃいいの?!」

と。介助のありかたと、自己実現とのすり合わせに困っている障害当事者は、私も含めて多くいるのではないかと思います。

何よりも強く思うことなのですが、生きることに他者の承認は要らない。障害者だから人権五〇％オフなんてことはあってはならないし、誰かが困ったら誰かが助ける。こんなことは、当たり前のことなんです。いつになったら、我が国の福祉は「お情け、恩恵」ではなくて「人権」になるのか。

一例ですが、私の友人が、「だっこさんのライブを見たいから、その日だけ介助さんをつけさせてもらえませんか」と言ったら、「ライブ鑑賞や映画鑑賞等は個人の趣味の活動で、必要不可欠な外出ではないので、認められません」と、さいたま市の支援課窓口で取りつく島もない対応を受けたことがありました。まだ去年。二〇一四年のことです。

何らかの事情があって実家でご両親と生活をしている人や、ご自身に伴侶のいる人は、行政に相談に行っても、「ご家族には、介助を頼めないいんですか?」と、最初から、介助支援の対象外に撥ねられてしまうこともあります。

この世のどれだけの人が、本当は、コンサートや映画や買い物に行きたくても、「介助がつけられないから」と、動けない足で、家の中にじっと、諦めて暮らしているんだろうかと思う。

「障害者だから諦める」をこの世から全て失くしたい。

「あなたは障害者なんだから」という理由で、自己実現を他者が諦めさせるのは差別なんだ、ということを、もし共感して貰えるなら、障害のない人であっても、私と一緒に声を上げてもらいたい。

声を出すことは怖いですが、それでしか、自分の周囲は変わりません。

●当事者が当事者として語ること

私は、これまでの人生において、介助制度のしくみそのものと戦って自分の暮らしを勝ち取らねばいけないような局面が度々あって、どうしても、精神的に強くいなければならない、と気負っていたところがあります。

「障害者だからって、上から目線で、同情なんかされたくないね！」という強気は、障害がある者にも精神の自由、生き方や在りかたの自由を認めて欲しいという思い故のことです。

ですが、「人前に出る時には、いつも元気で明るくて強くいる部分だけを見てほしい」と、意図してやっていた私の姿は、

「この人は、時には泣いたり落ち込んだり、悩んだりのような、泣き笑いすることがないんだろうか？」「本音は、どうなんだろう？」

と、見る人にとってとても不自然だったかもしれません。

そんな「人前では元気なところを見せないと！」という思いに少し囚われ過ぎていた私を変えたのは、二〇一一年の東日本大震災でした。

車いすで外出の帰宅途中、池袋駅で地震に合い、そのまま、都内から帰れない帰宅難民になって

しまったのです。

幸い、この時は二四時間介助であったことに大きく救われ、介助さんがいたので、揺れた時、たった一人ではなかっただけでも、どれほど心強かったことでしょう。

グラグラグラグラと、大きな横揺れとともに、気が付けば、駅構内のエレベーターは全停止。駅員さん数名に助けていただき、お祭りの神輿のように、一段、一段。駅員さんも足を踏み外さないようにゆっくりと、非常口の長い長い階段を上げていただいたり。一度すぐ近くの公園へ避難していたのですが、「一晩野宿では肺炎になってしまうかも」と、なんとか家まで帰ろうと、あとにも先にも、こんな体験したことがないと思うほどの凄まじい乗車率のバスに乗ったりしました。

災害時の「圧倒的な動けなさ」と、人の親切を同時に経験し、

「この身体で生きるからこそその体験を、これまでのニコニコ明るいイメージを、かなぐり捨ててでも言わなくちゃ！」

と、震災前後の体験や思いが、その後自分の歌い語ることの芯になりました。

メディアなどでは、障害当事者の中でも、スポーツや音楽などで突出して成功した人は取り上げられやすいですが、日常下の個々人の生活や、災害時への啓発が、大きく取り上げられることは少ないです。

誰もが皆「何かの当事者」であって、語れるものを持っている。持っていない人はいません。

その中で、私は障害当事者であり、災害弱者でもある。それらの要素を、元気な姿、楽しい歌を

聴いてほしいからと、「あえて隠す」のではなく、素直な言葉で語りたいと、震災を機に思い改めたのが、最近の活動の大きな変化です。

●分断された手を、繋ぎなおす

最後に、「ごく最近思うこと」についてお話します。障害当事者も、昔のように皆一様に入所施設に暮らしているという状況ではなくなって、多くの人が、居宅でアパートやマンションに暮らしています。介護事業所の経営やNPO等の起業で大きく財を成し、重度障害者でもミリオネアになったような人と、一般企業に働く人、福祉作業所で働く人、障害年金や生活保護しか収入の無い人との家計格差が顕著になり、そのことが、本来は繋ぐべき障害を持つ人同士の横の手を分断しているのではないか？　という危惧についてです。

万が一、障害を持つ人が

「介護事業所から派遣されてきた介助者から虐待を受けた」

「外出の時同行してくれる介助さんの時間を増やしたいけれど、介助が付けられず、家にいるしかない。何度も何度も区役所へ相談に言ったけれども認めてもらえない」

「家族に障害基礎年金を搾取されているのだけれども、どこに相談していいかわからない」

など、深刻な悩みを人知れず抱えているという状況に陥った時、多くの障害当事者が同じ施設に暮らしていた第一世代の時代と違い、個々が居宅に生活しているからこそ、「障害を持つ仲間同士の、横のつながり」を持ちにくいのが現代です。

これは統計調査をしたわけではないけれども、特に軽度の知的障害と身体障害を重複している友人知人には、グループホームなどで、生活は円滑に営めているけれども、インターネット環境がない、たとえばSNSやTwitterなどのやりかたがわからない、という人が大変多い。

加えて、単身の居宅生活者では、難病や障害の当事者の会や、これは私もそうですが、CIL（自立生活センター）に会員として属していない人も、年齢が下がってゆくほど多いように思う。

その中で、もしかしたらこれまで当事者会やCILが担ってきたような生活相談等の一定の役割を、SNSなどのネット上のグループが現代では果たしているのかもしれないけれども、SNSは投稿に制限をかけたとしても投稿者の共通の友人がいれば、友人側のケータイやパソコンからは投稿を読まれてしまうという特性があって、「どこで誰が投稿を見ているかわからない」ということがある。

「私、もしかしたら、家族や介助者から、虐待をされているかも」

と書いたところで、虐待をしている側の本人が投稿を見てしまう可能性もある。

現代に即した、「個々人の、横の手のゆるい繋がり」が、ネット上でも実生活でも両方に発展するといいなと願います。

当事者同士が、昔に比べて、今一つ、横の手を繋げないことの原因には、同じ障害当事者同士でも、福祉作業所に勤めている人は、月収三〇〇〇円から一万円くらい。生活保護や年金のみで生活をしている人の生活費が大体月六万円から八万円くらい。また、会社員をしている人、企業や事業体の経営者である人もいる。同程度の障害でも、家計格差が月数千円から数十万円まで極端にバラつきがある。

「障害を持つ人同士の、社会的立場や収入差の比べっこがまた新しい壁になる」

ということが、現代だからこそ、あるのではないかと思っています。

「収入差の比べあい、嫉妬のしあい」で、障害当事者が精神的にうつ状態に陥ったら、前提として身体的に動けない人が多いのだから、「居宅での孤立状態」に本当に嵌ります。

私自身、過去に一度だけ、

「あの人は障害があっても一般企業に就職して頑張っているのに、なんであなたはいつまでも生活保護を受けてるの?」

「生活保護で暮らすなんて甘え。障害に甘えて、怠けてるんだよ。働いていないんだから、施設に行けばいいのに」

などの言葉で、過去の介助者から心理的虐待を受けたことがありました。今は、そのことは解決し、状況が違っていますが、当時は、すぐに相談できる障害当事者や弁護士さんが自分の身近にいなかったために、一時は、「(この状況から楽になりたくて)ふと、自殺を考える」くらいに追い詰められていました。

過去の私のように、居宅で、一人で、生きる気力を脅かされている人に対して、「繋ぐ横の手」はあるのかどうか。

誰が、どこにいて、相談にすぐに乗ってくれるか。

障害を持つ人は、生きるに際して、何がしか困った時の、セーフティーネットが自分にあるか?を、生活の節目、節目で、振り向いてみる必要があるように思います。

身体障害でなくとも、引きこもりの当事者が数十万人にも達し、日本人の四〇人に一人が精神になんらかの不調を患うと言われるこの国で、「現代だからこその孤立」は、障害の有無をすでに大きく越えた問題です。

私の話や音楽も、歌やお話を通じて場に来てくれる、人と人同士を繋ぐ一手段になればいいなと思っています。

●すべての命に花マルを——生きることに他者の承認はいらない

私は主に、「〈お願いの福祉〉を、〈人権の福祉〉へ変えたい」ということと、どんな人も生きているだけで価値がある、ということをずっと言ってきました。特にこの五年くらい、ずっと同じことを言っているように思います。

生活保護制度や就労に対しての価値観も同じですが、「仕事」とは、「事に仕える」と書きます。人

間だれしもが、死ぬときは誰も代わってくれません。だから、

「ああ、あれも嫌だった、これも辛かった、あの人さえいなければ。こんな身体でさえなければ。この親に生まれなければ。私には、本当は、もっと別のやりたいことがあったのに」

と、最後の最後にそう言って死んでゆくか、

「たくさんの人と支え合い、好きなことに精一杯、命を使って、私は、とてもいい人生だった」

と、自分の命にそう言える人生であるか。

「この世に私がいることでこそ、できることとは何なのか」

それをやっていくことが、

「生きることがそのまま仕事になること」

「その人が生きて在ることがそのまま仕事になる」

ということなのだと思います。


今、日本では、障害をもつ人や、介護が必要な高齢者がいることで、全国一七〇万人が、介助や福祉の仕事に従事し、特に、女性の雇用を生み続けています。一〇年後には、あと一〇〇万人、雇用が増えるとも言われています。

誰かが障害を持って生きていることで、誰かの仕事を創出している。そして、その生活や体験の中で得たことを、障害を持つ人も、障害を持つ人に関わった人も、それぞれが、書いたり話したりしてゆけば、それが、また新たな社会づくりの財産になります。

「私には価値があるの？　ないの？」

「私は生きていていいの？　悪いの？」

何故か現代、自らの無価値観に悩む人は、障害のない人の中にさえ本当に多いですが、自分の価値や自己実現の可否を他人に委ねてしまうことはおそろしいことです。生きることに他者の承認は要らない。

どんな身体を持っていても、どんな心を持っていても、その人の命には価値がある。そう言える人が、障害の有無に関わらず本当に増えた時、だれにとっても生きやすい、本当のバリアフリー社会になってゆくのではないかと思います。

すべての命に花マルを。

私の願いはこれだけです。

まとまりのないお話でしたが、話せる限りのことをお話できたと思います。本日は、どうもありがとうございました。


（第29回花園大学人権週間・二〇一五年十二月九日）

互いに知り合う防災

阪口青葉

●防災士って何やねん

今、紹介してもらった阪口と申します。今日は、よろしくお願いします。できるだけ楽しくやっていきたいと思います。それではまず「防災士って何やねん」というところから始めていこうと思います。

防災士とは社会のさまざまな場で減災と社会の防災力向上のための活動を期待され、かつそのために十分な意識、知識、技能を有する者としてＮＰＯ法人日本防災士機構が認定した人のことです。

現在、日本中に約九九〇〇〇人くらい認定されています。僕はその中の一人なんですけども、大体の人はこういう講演活動や地域の防災訓練、また出版とかラジオとかやってはる人もいるようです。

僕が防災士になるきっかけになった東日本大震災の直後なんかは防災士講習を受ける人がかなり多くて、テレビのアナウンサーとかも僕が受けた時に受講されていました。大手企業の重役の方なんかも受けておられました。最近ですと、市役所等の役所関係にも防災のスペシャリストが必要だということで防災士を求めている傾向もあるので、もし興味のある方は資格講習を受けてもらえればいいかなと思います。何年か前は防災士になるのに費用が五、六万かかったりしていました。最近は市役所とか行政からの補助が出て一、二万円くらいで取れるようになっていますので受けてみられるのもいいんじゃないかなと思います。

次に「対応する災害の種類」。防災というのは自然災害だけじゃないんですね。自然災害では地震、津波、台風、雷、火山噴火、土砂災害、大雪、河川の氾濫、いろいろありますね。人為的災害では食中毒、感染症、犯罪、戦争、テロ、サイバーテロといろいろあります。そういうことに関しても知識が必要とされますので、そういう勉強をされる人も中にはいます。

防災訓練をしていますと、そういう感染症や食中毒などの質問をいろいろ受けます。避難した場所での食中毒の対策とか、そういう話をしたりします。国によってはミサイルに対する防災訓練とかやっているところもあるようです。さすがに日本ではないですが、最近はちょっとやってもいいかなという感じがします。

「防災の基本」というのは三つありまして、自助、共助、公助。自助というのは自分の身は自分で守るというのが基本になります。これは防災士だけじゃなくて、災害があった時に自分が助けられるのではなくて助ける方になるということが一番大事だと思います。次は公助。公的機関、自衛隊であったり、警察であったり、消防署とかになります。共助は、ここにいる皆さん、隣同士にいる人での助け合いとかになります。今日のポイントはこの「共助」が一番大きくなりますので覚えておいてもらえたらと思います。

●実際の災害現場では

では実際災害現場での話を少しずつ話していきたいと思います。阪神淡路大震災(一九九五年一月一七日)の頃、ここにいる学生さんは生まれていますか? 阪神淡路大震災のことを覚えてはる人(手を挙げてもらうがかなり少ない)。なかなかいないですね。阪神大震災のあったころは、皆さんは一、二歳ぐらいですかね。その頃の話なんですけども、自衛隊の人が助けてくれるというよりは、まず近隣の住人、近くの人が助けてくれることが非常に多いというデータがあります。要救助者の約七七%、かなりの数ですね。救出したのは近隣の住民ということになります。その中で地震後一、二時間後に救助活動に携わった人は二〇・六%、五人に一人以上。周りに人が埋もれていたら、皆さん、助けに行かれますか? 助けに行くという人、いますか?(挙手してもらうが少ない)ちょこちょこ、いますね。

三〇代から五〇代の男性の三人に一人は救助活動を行っていたというデータも出ています。それ以外の人も結構いたと思うんですけれども、目立つのは三〇代から五〇代の男性で三〇%、三人に一人ですね。生き埋めになった人の四分の三以上は近隣の住民の手で救出されたと推定されています。こう見ていくと、さっきの三つの自助、共助、公助の中で一番大切なのは「共助」になってくると思います。助け合いというのが今日の話の一番重点的なところになってきます。

「公助」もかなり重要ではあるんですけども、やっぱり動くまでにかなり時間がかかってしまうというのも皆さん知っていると思います。自衛隊でも災害が発生してすぐに動けるというのはなかなかありません。理由としては、公的機関になりますので手続きなどで一日、二日かかることもあります。その間に亡くなられる方が非常に多い。そういう時にすぐ頼れるのがやっぱり周りにいる人、「共助」ですね。これが大切になってきます。

皆さん寮に住んでいる人とかは？　一人暮らししている方、多いですか？　何人ぐらいいます？　実家から通っておられる方（そこそこ挙手あり）。花園大学に寮はないですか？　どこか下宿している方は？　あまりいない。大体実家からとかが多いかな。実家または一人暮らししていて隣近所の人と挨拶されたことがあるという人（挙手してもらうがかなり少ない）。割と少ないですね。隣近所にどんな人が住んでいるのか知っているという人は？（これも挙手してもらうがかなり少ない）まばらですね。これは後の話にもなるので置いておきます。

次に、かなり古いですけども、関東大震災（一九二三年九月一日発生）の時も近隣住民の救助が多くの住民を救っているという資料があります。この前東京に行った時に、公文書博物館で昔の災害の資料を見る機会があって見てきました。やっぱり阪神大震災の時と救助される状況は、ほとんど一緒なんです。近隣住人、近い人が助けてくれるというのがほとんどでした。それは何年たっても一緒で、この前の東日本大震災（二〇一一年三月一一日発生）の時も自衛隊が来るより、近隣住人の方が助ける方がかなり多かったと聞きます。

現在、地方の人口がどんどん減っていますよね。近隣住人との付き合いって割となくなってきています。今もちょっと手を挙げてもらいましたけども、ここらへん（花園大学近辺）でも周りの人、どんな人住んでいるかも知らない。挨拶したこともない。下手したら顔も見たことないという人、いっぱいいると思います。そうなるとやっぱり「共助」というのはなかなか難しいかなと思います。知っている人を助けるのと知らない人を助けるのでは、まず誰がいるかもわからないし、ちょっと心情的に違うと思います。

僕の仕事は介護職で障害者の方メインに行っていますけども、その職場の後輩ヘルパーが東日本大震災でボランティアに行きました。その後輩からいろんな話を聞かせてもらいました。まず被災地に行って最初にしたこと。障害者がどこにいるか探すところからでした。役所関係が津波で流されて資料が無くなったりしていて、障害者がどこにいるのかわからない。ヘルパーとしてどこに行ったらいいのかわからない。その状況から「まず、どこにいるか探してくれ」というのから始まったそうです。

避難所に行って避難している人に「車椅子の人、障害を持っている人いませんか？」と探して「〇〇に住んでいた気がする」とか「◎×に住んでたんじゃないかな」という情報を辿って何人か探し出すという作業を行っていたそうです。何日かたっていましたけども、出られなくなっていた状況で瓦礫の中とか潰れそうな家の中にいた人も何人かいたそうです。障害にもいろいろありますよね。身体障害、車椅子の方もいますし、知的障害などでコミュニケーションとれない人とか、そういう人からすると避難所に行くより、ここに（住み慣れた家の瓦礫の中等に）ずっといた方がいいという人も中にはおられたようで、なかなか難しい状況もあったようです。車椅子の人なんか、もう放ったらかしで、家の中でなんとか食料を食いつないでいたという方もいたそうです。

こう聞いていくと障害者が近隣に住んでいたということを知らない人も多かったというのも、こうなったきっかけでもあります。周りに障害を持っている人が住んでいるというのを知っているという人、いますか？　家の近所に障害を持っている人、老人や知的障害、身体障害、精神障害の人が住んでいるのを知っているという人（ここでも挙手してもらう）。この中でも一〇分の一もいないですね。ここからが問題で互いに知り合うというのが一番重要になってくるという話をしたいんですが、ちょっとここでワークショップをやっていきたいと思います。

●ワークショップ

皆さん、机の上にスリッパのつくり方があると思います。「新聞スリッパのつくり方」ってありますか。それを見てもらって、新聞紙も置いてあると思います。一つの机で二つつくってもらうということなので同じ机の人同士でつくれますか。防災レンジャーの方はお手伝いをお願いします。

一緒の机で今までコミュニケーションとったことがない人が横に座っているかもしれませんが、これも互いに知り合うというテーマの一つなんで、どうぞ相談しながらつくってみてください。つくり方がわからない方は、手を挙げてもらったら防災レンジャーの方が行ってもらえると思います。ワイワイしながらつくるといいと思います。割とパッと見ただけではつくりにくいので、まわりと相談してつくるといいと思います。一時二五分まで（約一〇分程度）の間につくってください。（五分程度経過）あと三分、四分あると思います。できた方はちょっと手を挙げてみてください。ちらほら。まだできてない人は？　いますね。防災レンジャーの方、どうですか。皆さん、できている感じですか。できましたか。

次もまたワークショップの続きをしたいと思います。何人か体験してもらいたいんです。今からここに用意してもらった物干し竿と毛布で担架をつくります。何人か担架に乗っていただきたいのですが、担架に乗ってみたい方（挙手あり）。一人、どうぞ前に来てください。結構大きいですね。

体重どれくらい？　九〇キロくらい。大丈夫だと思います。防災レンジャーの方も手伝っていただきます。今回女性の方に持ち上げてもらいます。担架なので大丈夫です。今からつくる担架は緊急用で、担架がない場合、家にあるものでつくるというものになります。ただ上で暴れたりすると、ちゃんとした担架ではないので物干し竿が折れる場合があるのでちょっと注意してください。

では担架をつくっていきます。つくり方は今、ここに映しています（プロジェクターに作り方表示）。見えない方は、ちょっと前に来ていただいてもいいです。これを見ながら防災レンジャーの方、やってみましょう。体験型ということで。はい、では毛布を広げてください。下置きます。書いてあるように三分の一のところに棒を置いて布を折り返します。折ったところのここらへんに置きます。担架できました。さあ、乗ってください。結構、大きいですね。大丈夫かな。講壇のこっちの端から端に進むので寝てください。いけますか。ちょっと重たいか。男性の防災レンジャーの方、宇津井さん、想定したよりちょっと大きい方が来られたので手伝いお願いします。これで落ちて怪我したらちょっとね。ゆっくり上げてください。（乗ってくれた男性の重さに耐えかねて物干し竿が折れる）折れた！（開場から笑いの声が上がる）　まさか、一人目で竿が折れるとは思いませんでした。ちょっと重すぎました。一応非常用なので軽い方なら大丈夫なんですけど、ちょっとびっくりしました。まさか講演の場で折れるとは思いませんでした。怪我ないですか。大丈夫ですか。もう一回、他の方法で乗りますか？（怪我もなくもう一度乗ってくれる）

他の方法、毛布の端をまるめます。大丈夫かな。次、毛布破れたら申し訳ないけど、やってみましょうか。毛布の端をクルクルと（持ちやすいように毛布の四隅を丸める）。さあ、次、僕も持ち上げます。寝てください。よいしょ。重いなあ。（講壇の端から端まで往復。会場からは拍手と感嘆の声）もうちょっと軽い方で誰か乗ってみたい人はいませんか。あと二人くらい（挙手有り）。ちなみに何キロですか？　多分五〇キロくらい。軽いな。さっきの人の半分くらい。行きましょうか。彼なら女性が担げる？　もうちょっと下いきましょう。はい。持ち上げます。全然違いますね。（先ほどよりも余裕のある感じで講壇の端から端まで往復）下します。ありがとうございました。

あと一人くらいいきましょう。ちょっと重めでもいいです。さっきの人より軽ければ。先ほど乗られた方も次は担ぐ方をやってみましょうか。防災レンジャーのお二人も来てください。最初の一人目が重すぎたので、そういう場合も含めての担ぎ方を教えたいです。（担架の四隅に担ぐ人を配置）本当に重い場合は四人で運べばいいのでそれをちょっとやろうかな。落ちないように、もうちょっと上に行きましょうか。端を持ってください。では、いきます。せーの。四人だと、まだ何とか運べます。ありがとうございました。なんとか破れずにすみました。よかったです。まさか竿が折れると思いませんでした。一回目竿が折れて失敗しましたけども、そのおかげで他の対処法を紹介できました。

いろんな身近なもので救急の対応ができるものがあります。さっきの新聞紙スリッパもそうです。もう少し工夫して中に段ボールを敷いたら本当に破れにくいです。さあ、さっきはいろいろつくっていただきましたけども、こういう知識も持っているのと持っていないのでは緊急の時、災害時には大きく変わってきます。何かを知るというのは大切だということをまず覚えておいてください。

●互いに知り合うとはどういうことか

今日の本題です。「互いに知り合う防災」。互いに知り合うってどういうことなのか。さっきも少し話しましたね。近隣の住人、誰が住んでいるかわからないというのは本当に怖いです。知っていた方がいいです。変な人が住んでいる場合もあるかもしれません。けれど周りに障害のある方、お年寄りの方が住んでいるということを知っているか、知ってないか、だいぶ大きいです。災害時だけでなくても知っておくことが大切です。

今、そういう機会が減ってきています。隣近所の人を知らない。マンションの隣に住んでいる人、上に住んでいる人、誰が住んでいるか知らない。そういうのがあたりまえの時代になってきました。昔では隣近所の付き合いって、すごくよく見られました。皆さんが子どもの頃はどうだったんかな。隣近所のおじさんなり、おばさんなりの家に行ったことがある人、いますか？　隣近所の人、仲良かった、よく話をした人は？（挙手してもらうがやはり少ない）やっぱり少ないな。こういうのがかなり希薄になっているのは確かです。これも悲しいことですけれども、今の日本の現状ですね。

近所づきあいをそこまで深くする必要はないです。深くしてもいいですけども。ちょっと挨拶するだけでもいいです。どんな人が住んでいるか。男性か女性か。どれぐらいの年齢層か。どれぐらいの体型の人か。重い人が住んでいるのか、軽い人が住んでいるのか。そんなことでもいいです。少し特徴を捉えて隣の人、近所の人、住んでいる人をちょっとでも知ってもらえたらいいかなと思います。性別、身体的特徴、また障害の有無、挨拶することによってこちらも知ってもらうということが大事になってきます。こっちのことも知ってもらわないと、相手も「どんな人が住んでいるんやろ」と思います。こっちも知ってもらわなくてはいけません。知ってもらう機会をつくることが大事です。

皆さん、積極的に近隣の人に挨拶したことのある方。周りの住んでる人に挨拶してます？ 朝、学校に行く時、近所のゴミ出ししているオバチャンに「こんにちは。おはようございます」と挨拶している方、います？（挙手を求めるが残念なことに少ない）少ないですね。防災レンジャーの方どうですか。挨拶してますか？（防災レンジャーのほとんどが挙手）本当ですか？ そうですね。防災レンジャーの方、今まで話を聞いていたら割と近所の方とコミュニケーションとっている方、多いと思います。それも防災にも役立つことなので、皆さんにもこれからしていってほしいなと思います。

ここで互いに知り合うということで、まず障害を持たれている方なんですけども、ちょっと事例をみていただきます。障害を持っている方って一人でなかなか外に出られないですよね。ここにおられる方はみんな社会福祉の学科の方かな？ 障害を持っている方と関わったことのある方、いますか？（思ったより少ない挙手）割と少ないほうやね。ではこの花園大学に車椅子に乗っておられる方がどれぐらいおられるか知ってはる方？（かなり少ない挙手）あんまりいない。今、ここでも前に三人おられますね。花園大学には結構おられるのかな。すごくいいことなんですけど、こういう人たちのことを知ってるか、知ってないかというのが重要なんです。

障害を持っている方、割と外に出られている方、最近、増えてきているんですけどまだ少ないですよね。地域に出られていない方、家に閉じこもっておられる方。また地域のどこかの作業所に行っておられる方もいますけども、近隣とのつながりがない方って多いです。その場合、どうするべきか。障害を持っているということを、アピールというと言い方悪いですけど、まず知ってもらうということが大切です。防災レンジャーの方も、していますか？「私は障害を持っています」とまで言わないですけど、街に出歩いてもらったら、こんな人がいるとわかってもらえるというのは大きいと思います。

「他人任せにしないこと。自ら行動する」。これも大切なことです。自分で動けない人も多数います。そういう人はヘルパーさんであったり、ご家族の協力を仰いだり、友だちとかいたら友だちと一緒に外を出歩く、買い物に行く。そんなことでいいです。こんな人がこの街に住んでいる。障害を持っている人がこの街に住んでいるというのを知ってもらう。名前まで知ってもらう必要はありません。そういう状況の人がいることを一人でも多く知ってもらうということが、災害が起こった時、救助の迅速な対応のポイントになります。これを怠ると、さっき東日本大震災の時の話をしましたけども、そんな人、障害を持った人がどこに住んでいるかわからない。見つけたら瓦礫の下にまだ生存していた。そんな状況になり得ます。必ず周りの人、近隣の住民、地域の人に知ってもらう。

これが大切です。

「どういった障害があるかも知ってもらう」。これも大切です。パッと見わからない障害の方もいっぱいいます。知的障害を持っている方でも見た目全然わからない人もいっぱいいます。そういう人のことも知ってもらうように、ご家族の方でもヘルパーさんでも一緒に歩いて、いろんな人に見てもらうというのが大事です。また精神障害の人も、ここにも書いていますけど（プロジェクターで表示）、特定疾患とか精神障害の人、見てわかるという人いますか？　おらへんよね。精神障害はわかりません。話してみないとわかりません。これを知ってもらおうというのはなかなか難しいんですけども、精神障害の人は、障害云々ではなくて「ここに住んでいます、ここらへんに住んでますよ」というアピールだけでもいいです。誰かとつながるのが助かる道の一つです。

どういった障害を持っているかを知ってもらうことで、ある程度の対応方法をとってもらえる。災害が起きて救助しました。精神障害の人を救助しました。避難所に行きました。パニックを起こして暴れます。精神障害と知らへんかったら、「なんで、こいつ暴れてるんや」となります。そうなってしまうと、対応の方法って人それぞれ違うんですね。障害を持っている方で、知的障害の方とか、何でパニックを起こされるか、どうやったら落ち着かれるか、普段からそういうことをご家族の方から「こうしたら落ち着きますよ。こんなことしたらダメですよ」と、ある程度周囲に知ってもらっていて、そのことを知ってる人が一人でもいれば、それに対応することができます。

これは知的障害に限ったことではありません。車椅子に乗っておられる方、移動の方法、車椅子に乗せる方法、トイレの仕方、知らない人は知らないですよね。どうやってトイレするのか。今、来られている車椅子の方が、どうやってトイレをするのか。普通に僕らのように便座に座ってするのか、もしかしたら尿瓶を使うのか、わかりませんね。そういうことも周りに、ある程度知ってもらうのは、いざという時に役に立ちます。「僕、こうやってトイレしてんねん」っていうのはなかなか難しいかもしれませんが、そういうのも、いざという時に役に立ちます。

特定疾患をもつ人について社会福祉の方やったらある程度知っているかなと思います。知ってますか? 敢えていいません。調べてください。いろんな薬が必要な場合がいっぱいあります。それを知っているか、知っていないか。それで避難所でその薬を用意してもらうために「こんな疾患があるからこの薬が必要や」ということを言うてもらう。または「こんな疾患あるけど、どうしたらええやろ?」と聞ける人がいると、その人の命が助かる場合があります。薬がなかったら、それこそ助からない人もたくさんおられます。そうならないために障害のある人は出来るだけ外に出て周りにアピールすることが重要だと思います。

●自助、共助、公助のなかでも大切な「共助」

次に障害を持つ人にとって大切なことなんですけど、障害を持って自立生活をされている方って割とおられます。またはご家族と暮らしている方も多いですけど、ヘルパーさんって不死身ではないですね。災害が起こったらどうしているかと聞きましたら「ヘルパーさんがいるから大丈夫や」という人がいますけども、ヘルパーさんだって死にますからね。そこらへんを考えておられない方、多いです。ご家族と一緒に住んでいる方でも「家族の方がいるから大丈夫」って言いきれますか？ご家族の方が被災して動けない状況って絶対あると思います。そういった時に近所づきあいしているかどうかで、いろいろ変わってきます。

昨日の朝霧さん（この前日の講演者）は電動車椅子で生活されている方ですけども、その人も「地震の時にヘルパーさんに私を置いて逃げてください」という話をしていたということです。そういう話は家族内でもいいです、泊まり込んでいるヘルパーさんにも話しておいて、いざという時のことをしっかり取り決めをしておくというのは必要です。地震が起きました。逃げないといけない。どちらかが瓦礫の下に入ってしまった。ヘルパーさんは万能じゃないです。瓦礫の下に埋まったからヘルパーやったら、助けられるやろう。そんなことないです。ヘルパーは介護のプロであっても救助のプロではないですね。だからひどい話に聞こえるかもしれないですけど、一時、見捨てるということもあります。ないことはないです。ただ見捨てるだけではないですね。ここで助けられない場合、どうしたらいいでしょう。最初から話している自助、共助、公助の「共助」ですね。周囲の人に助けを求めるというのが大切になります。

災害現場だけではなくて何か事故があった時、例えば、よく夏場に川で子どもが溺れて、助けに行った人がそのまま一緒に亡くなってしまうというのを毎年のようにニュースで聞かれると思います。あれは間違った部分があるからですね。あれは一人で助けようとしたから一緒に流されてしまった。その時に助けなければならないという使命は、必ず誰にでも起こります。でもその時に一瞬でもいいから冷静になってください。皆さんもそういう状況になるかもしれません。冷静になってください。自分は救助できるプロですか？　確実に助けられますか？　助けられる可能性がありますか？　考えてください。大概の場合は無理です。助けることができない可能性の方が割と高いです。助けられたというニュースも結構流れていますが、ごく一部です。大概は助けられないです。

そんな時、川に流れている子どもをそのまま見送るわけはないです。そうせずに、すぐに助けを求める。一瞬でも早く助けを求める。これが大切になります。今、川で流れている人の話をしましたが、心臓が止まって倒れている人がいるとします。この中で救命講習を受けたことのある方いますか？（挙手ほんの少し）結構少ない。車の免許を持っている方って多いですか？　車の免許の方が多いですね。免許を取る時に大体、救命講習って受けます。心臓マッサージとかＡＥＤの使い方。あれも講習の時は大体一人でやる想定になっていますけど、あれも一人でやらないで周りの協力を得てやる方が救命力は高まります。

心臓マッサージ（心肺蘇生法、胸骨圧迫のこと・以下心臓マッサージ）を練習でやったことのある方、いますか？　結構、三〇回押すのはしんどいです。それを救急車が来るまでやります。通報してから救急車が来るまで、全国平均で大体六分から七分かかります。心臓マッサージは一分間に約一〇〇回のスピードで押します。六分間ということは約六〇〇回心臓マッサージしないといけません。一人ではかなり厳しいです。息上がります。最後の方は、ほとんど押せない人も多いです。そんな状況では心臓マッサージをいくらやっても助からない可能性があります。必ず周りの人に助けてもらうのが重要であります。

介護者も救助のプロではありません。助けに行ってもらう。そのため一時的に、障害を持つ方は見捨てられたと思う状況になるかもしれません。そうならないために事前に話し合って、そういう時は「助けを呼んでくるよ」というような話を、きちっとしてもらうのが重要です。これ、言うてますけども、逆の場合もあります。ヘルパーさんが瓦礫の下に埋もれて、もう一人、一緒にいる電動車椅子を利用している人、障害者の方が助けられへんから、そこにいてもしょうがないので、なんとかして助け呼びにいくわ。携帯もっているから、なんとか助けるわ。こういうのもできます。障害者の方が誰かを助けられないということはないです。

こういう話は障害を持っている方、ついておられるヘルパーの方とご家族で話し合いをもってください。またヘルパーだけじゃなくて、周囲の人にもこういう話をしっかりしてもらうというのも防災としてはかなり役立つ話だと思います。こんな話を車椅子乗ってはる方、したことありますか?介護でいろんなところに行ってしています。そこで話しても「そんな話するの、初めてや」という人が多いです。やっぱり介護者は不死身やと思っているというか、「助けてくれるやろ」と思っていると思います。

●災害から生き残るために

ご自宅で防災のために何か用意しているという方、いますか？　防災グッズやリュック置いているという方いますか？　挙げてますね、何人か。これは割と用意してくれるのはいいんですけども、防災グッズ用意してるというのは、どういうことでしょうか。地震とかあった時に生き残っているというのが前提ですよね。まず防災で大切なのは災害が起こった時に生きていること。これが大切になります。防災といってリュックとかを用意するのは間違っているといってもよいでしょう。実際に防災として活動しないといけないのは住んでいる家の耐震強度を上げるとか、割とお金のかかることではありますけども、地震の起こりにくい地域に住むとか、そんな話になります。本当にリュックを用意するというのは自分はその災害の後、生き残っているだろうという考えがあるかなと。甘いです。そのリュックを使えるように日ごろからもっと防災のことを考えていただけたらいいかなと思います。

生活の中で介護が必要な人と互いに知り合う。さっきもいいましたね。災害が起きた時の話をしっかりしておく。皆さん、住んでる地域の避難場所を知っていますか？（挙手してもらうがまばら）わりとまばらですね。ではこの花園大学で今、地震が起こったら、どこに避難すべきか知っている人？（挙手がほぼ無し）あれ、防災レンジャーの人、手が挙がっていませんが、大丈夫ですか？　避難場所って割といろいろあります。学校が結構、多いですけども、住んでいる家の地域、それこそ一人暮らしを始めた人は特に知っておいてほしいと思うんですけども、かなり知らないですよね。大学に行くために一人暮らしを始めたという方、何人かおられるかなと思います。その地域の避難場所知っている人って少ないと思います。そういうのをしっかり日頃から調べておくこと。避難経路を調べておくというのが大事になります。

障害を持っている人、車椅子の方は避難経路を調べておく必要性がかなり高いです。なぜかというと、瓦礫や電柱が倒れて通れないという時、普通の健常者であれば跨いで瓦礫ちょっと避けて行けばいいですけど、車椅子の場合、なかなか通れないですよね。瓦礫があると通れない。ましてや電動車椅子の場合、持ち上げるのもちょっとしんどい。また途中に川があってそこを挟んで避難場所がある場合、そこ通ったらいいんですけど、通ったら橋が崩れている。その場合、どこの避難所に行ったらいいか。そういうことをしっかり考えていってほしいと思います。

そして電動車椅子の場合、電力が必要です。避難した後、電力が切れたら電動車椅子はどうなるか知っている人いますか？　自動で動かせなくなります。操作できなくなります。そうすると手動で動かさないといけないんですけど、これがまたすごく重たいですよね。発電機を置いてある避難場所も結構あります。そういうことを事前に調べておくというのも大切です。

そしてバリアフリー、最近どこでも大体やっています。学校でも。でも割と田舎の方にいくとバリアフリーがない地域って多いですね。知り合いの話で車椅子の方なんですけど、結構大きい車椅子の方がちょっと地方に友だちに会いに行きました。駅下りて出ようとしたら階段があったんですけど、エレベーターも何もなくて下りられなかった。そこがまた、たまたま無人駅だったんです。ヘルパーさん一人で、どうやっても降りられないということで、その電鉄会社に電話したら「では今から三〇分かけて主要駅から駅員何人かいきます」といって、それでなんとか運んでもらったという話がありました。

まだどうしても地方に行くとバリアフリーが進んでいないところもかなり多いです。京都のここらへんだと大丈夫だと思いますけど、ちょっと山奥や地方に行くと本当にバリアフリーされてないところって多いです。そういうところも日ごろからバリアフリー化されているかどうか調べておくのも防災と関係なく自分の生活の中で必要になってくると思います。これは障害を持つ方だけではなく、福祉系の仕事、ヘルパーとかやる人も、どこかに一緒に出掛けて動けなくなるということありますんで調べておくのが大切だと思います。

共倒れにならないために、難しい選択についてしっかり話しておく。これをしっかり行ってください。社会福祉でヘルパーになろうとしている人もいるかもしれませんけども、こういう話もヘルパーの中でする人が少ないです。見捨てていくというか、一旦、被害に遭って助けられない状態で放っておくということを、できない人ってかなり多いです。普通は、そうなんですけどね。でもそこで冷静になって、一旦離れて救助を呼びに行く。これが防災、減災、一人の命、もしくはもっと多くの命を助けるかもしれません。障害を持っている人の話をいっていますけど、ご家族の中でも、家族が何かの下敷きになっている。でも一人の力ではどうにもならないけど、とりあえず助けなアカンと、そこに残ってしまったばかりに助けられずに家ごと潰れ、助けに行った人も亡くなってしまうというケースがあります。必ず助けを呼んでください。これが一番のポイントになります。「共助」って最初にいいましたけども、自分の力を過信しないで助けを呼んでください。

まとめに入っていきます。「共助」の力の大きさ。個人の救助には限界があります。さっき担架に乗ってもらった人は九〇キロありました。一人ではちょっと運べません。そういう時に一人で無理せずに周りに助けを呼んでください。それをやるだけでだいぶ楽になります。二人でダメやったら三人、四人、増えていいです。最初に言いましたが、災害時に一番助けになるのは近隣の住人です。それによって助かる命って、すごく多いです。逆にいうと近隣の住人とのつながりがなかったら助けられない場合が多いです。「障害を持っている人が住んでいるかわからない。もしかしたら瓦礫の下にいるかもしれない。いないかもしれない。あそこには車椅子に乗っていた人が住んでいたけれど、今の地震大丈夫やったやろか」。そんなふうにちょっとでも頭の中に思い浮かべられるようにする。それだけで助かる命は多いです。それが重要です。

二次災害を防ぐ。助けに行った人がミイラ取りがミイラになるなんてありますけど、そういうふうにならないためにも、一人で助けに行かない。助けを呼ぶ。複数人で助けに行く。また川に流された話をしますけども、川に流されている。助けに行かない。救助を呼びませんでした。というのもダメですけども、助けに行って流されて亡くなりました。まわりに誰もおれへんかったら誰も気づきません。必ず二人以上、多くの人で助けるのが大事です。

互いに助け合うこと、「互助」といいますよね、意識も高まります。「知っている人があそこにいるかもしれない」と思ってちょっと心配できますよね。「あの人、大丈夫やろうか。○○県に地震がありました。誰々が住んでいるけど、大丈夫かな」とちょっと考えられますよね。それがあると、ないとでは全然、違いますよね。あるいは大きな地震であれば「助けが必要なんじゃないか」という意識が出て誰かを助けに行けることもある。それで誰か助かる命もあります。

「袖触り合うも多生の縁」。ことわざですが、これ聞いたことある方は？　大体聞いたことあるかな。「袖擦り合う」と書くこともありますけどね。多生の縁。これ、仏教用語になります。輪廻転生とかそういうのがありますけど、ちょっとした縁で自分の人生にかかわることがあるかもしれない。そういう意味で使います。ちょっとした関係、挨拶して顔を知っていて、どんな人がいるか。それだけの関係だけで助かる命があります。多生の縁、この縁だけで助ける、助けられるというのは必ず出てきます。そういうのを大事にしてもらったらと思って話をさせてもらいました。

話はこれぐらいになります。ありがとうございました。


（第29回花園大学人権週間・二〇一五年十二月十日）

児童虐待

——対応側からの考察

川並利治

●はじめに

今日はこのような発表の場を設けていただきありがとうございます。本年度第一回の人権教育研究会では、子どもにとっての最大の人権侵害である児童虐待を、対応する側からみてみます。

児童虐待をテーマに取扱うとき、保護者や親の虐待に至るメカニズムはどうか、虐待はどのようにして起こり、発見され防止できるのか、そういった調査研究は多いのですが、本日は児童虐待に対応している関係者及びシステムや体制の問題点、課題についてお話したいと思っています。

まず、私のプロフィールですが、金沢市で出生。月並みですが、小学生の時、心に残る先生がいまして、小学校の先生になろうと教育学部に入学しました。卒業後、産休代替非常勤で三校ほど回ったりしましたが、結局、常勤雇用の教員になれませんでした。大阪府の社会福祉専門職の募集が目に留まり、「公務員ならいいか」と受けたところ、ケースワーカーとして採用され、知的障害児の入所施設を皮切りに福祉の現場を転々としました。児童相談所を中心に、出向で大阪府社会福祉協議会に行ったり、厚生労働省にも行かせてもらいました。

そして、二〇〇八年四月から、金沢市出身ということもあり、中核市で初めて児童相談所をつくった金沢市に七年間お世話になりました。二〇一五年三月、定年まで四年残し、金沢市を退職して花園大学で勤務させていただくことになりました。憧れだった教員二年目ということです。国、府、市と三つの行政に関われたのが私にとっての大きな財産と思っています。

●親権が優先される国

「わが国では親権が優先されている」。児童虐待に向き合うと、常にそのことを感じます。親権との調整が児童相談所における虐待の中核的な課題とも言えます。

保護者の言い分は大抵、「家庭のことに口を出さないでほしい」「何度言っても聞かないからしつけで叩いている」「自分も子どもの頃、叩かれて育った」というのが多かったです。

乳児を家にひとり置いて長時間、パチンコにいく母親がいました。「エアコンつけて数時間外出しただけなのにどこが悪いのですか」と言われます。乳児でなければ良かったのですが。

また、児童相談所が子どもを保護した後に、保護者が、世間的に「先生」と呼ばれる人を伴ってやってきて、その人が「所長さん、お母さんが精神的に不安定になっている。自殺したら責任をとれるのか。子どもを返してやってくれ」と言われることもありました。

欧米では司法の関与が強いと言われますが、果たして本当なのかみてみます。アメリカは連邦法で大枠は決まっており、各州で細かいことが決められています。ペンシルバニアの例ですが、虐待が確定した後、七二時間以内に里親が妥当かどうか審議されます。その後、行政機関がプランを審査し、適切かどうかを審議します。さらに一二か月経っても家に帰れない場合、子どもは親のもとに帰るか否かが決定されます。司法の関与するところはわが国と比べたいへん大きいです。

●児童虐待対応に追われる児童相談所

新聞記事を見ますと、「児童相談所は通告を受けていたにもかかわらず訪問していなかった」とか「市は対応が遅かった」などといったバッシングがしょっちゅうです。しかし、児童相談所や市は何もしていなかったわけではないのです。行政にいたからといって弁護するわけではないですが、支援がスムーズにいかないのです。あとで詳しく述べることにいたします。

図１　児童虐待相談の二元体制
児童福祉法の改正（平成16年10月施行）で市町村も虐待相談対応実施
児童相談所及び市町村の児童虐待相談対応件数推移

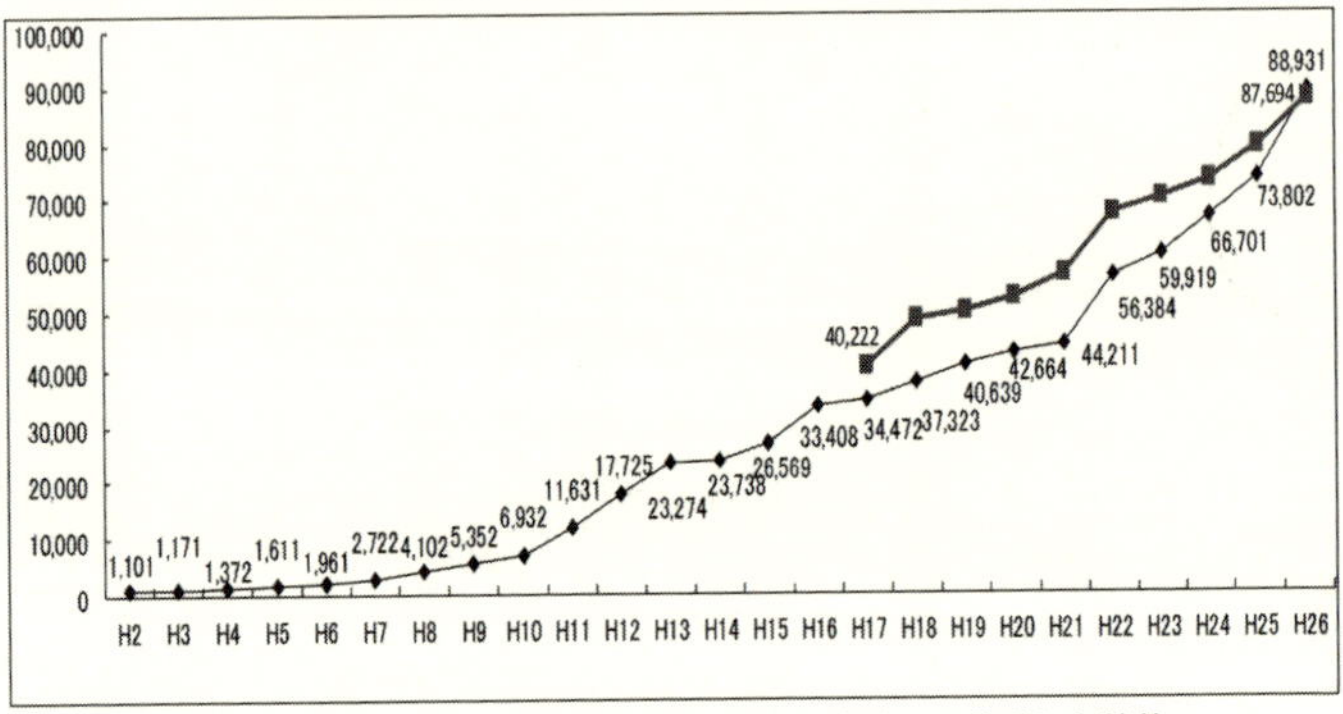

＊平成22年度は、東日本大震災の影響により、福島県を除いて集計した数値
厚生労働省雇用均等・児童家庭局総務課調べ

児童虐待相談対応件数（以下、対応件数という）の推移をみてみます（図１）。統計をとり始めたのが平成二（一九九〇）年で一一〇〇件、今は八八〇〇〇件と八〇倍に膨れている。これにプラスしないといけないデータがあります。平成一六（二〇〇四）年に児童福祉法が改正され、「市町村も児童虐待の相談窓口」となりました。平成一七（二〇〇五）年からの市町村の対応件数データを足しこむ必要があります。

しかし、このデータは、児童相談所の対応件数に比べ、大々的に取り上げられません。「市町村により対応にばらつきがある」「児童相談所につないだケースも重複している」などデータの統一性に課題もあるとのことです。

児童虐待は全国どこでも同じように起こっているのかと言うとそうではありません。大都市とその周辺で対応件数が占められているという仮説のもとで件数をみてみると、埼玉、千葉、東京、神奈川、愛知、大阪のたった六都府県で全国の五六％、四九七五一件です。福岡とか広島を入れなくてもこれで半分強になっています。また、この都府県の〇歳から一四歳までの人口を調べると、全国の四割と、対応件数の五六％との間に開きがあります。虐待相談は極端に都市部に偏っていると言えます。一方、少ない方を見てみると、例えば、鳥取県と島根県の二県合わせた子ども人口は全国の一％ですが、対応件数は〇・三％です。子どもが居れば、児童虐待はどこでも起こる可能性はあるのですが、都市部は子どもの人口の割合より、対応件数の割合が高くなっており、管轄する児童相談所は虐待対応に翻弄されていることがわかります。

児童相談所の設置は児童福祉法一二条で規定されています。一八歳未満の子どもたちのあらゆる相談を受けますが、児童相談所の主たる仕事は何なのでしょうか。遡れば一九四七年、浮浪児対策から始まりました。その後、主に取扱う内容が徐々に変化し、一九六〇年代は非行、七〇年代は不登校、九〇年代からは児童虐待の対応機関として特化されていき、最近は、居所不明児、同居者による面前ＤＶ、貧困など複雑・多様化した要素も入ってきています。児童相談所には、困難事例の対応機関として、子どもを取り巻く家族、社会環境のニーズに応え、改善策を講じなければならない使命があります。

●児童福祉司と児童心理司

児童相談所を特徴づける二つの専門職種が児童福祉司と児童心理司です。二者は車の両輪といわれますが、現場においては児童福祉司の方が数も多く、行政職の方が異動してきて担う場合もあります。平成二八年度全国児童福祉主管課長・児童相談所長会議資料によれば専門職の採用は約七割ということで、三割の自治体は行政職で運営しています。

一方、児童心理司は心理検査やカウンセリングができる行政の方はそうそう居ませんので、九五%と高い専門職採用となっています。

両者の法的位置づけには格差があります。児童福祉司は児童福祉法で配置や任用の要件が決まっています。地方交付税の標準では人口一七〇万に三六名と割り当てられています。人口が四~七万人に対して一人配置となっており、全国平均では四万三千人に一人。大阪府では三万人に一人と配置が強化されています。ワースト三は富山県、奈良県、東京都は約六万人に一人と地域によって配置の差があります。

一方、法定配置基準がないのが児童心理司です。第一九〇回国会において児童福祉法が改正され新たに配置義務が規定される予定ですが、今のところ、児童相談所の運営指針に「児童心理司をおくことが標準」とされている程度です。都道府県では、必ずしも臨床心理士を採用するということでもなく、児童心理司の要件は大学で心理学を専修する学科、それに相当する学科を履修して卒業した者となっています。今後、公認心理師を条件に掲げるところも出てくるのではないかと思います。

両輪であれば児童福祉司と一対一のペアで動くのが理想型です。配置について過去に調査もされ、山縣文治先生の二〇〇六年の報告書では「児童福祉司三に対して児童心理司二、ゆくゆくは一対一を基準とするべき」という提言が出ましたが、それから進んでいません。

国や都道府県は、児童心理司というものをあまり重要視していなくて、児童虐待に対応するのは児童福祉司であると思っています。一時保護所にいる子どもが家庭復帰できるか、アセスメントをするのは児童心理司の大事な仕事ですし、性的虐待についても司法面接など児童心理司のスキルが必要です。家庭復帰や家族再統合のプログラムも児童心理司に期待するところは大きく、児童心理司がもっと脚光を浴びないといけません。

しかし、今のところ児童福祉司偏重で、格差は広がる一方に見受けられます。児童相談所強化プランによれば、基準がさらに改善されて四〜七万人のところを四万人に一人になる予定です。

しかも、厚生労働省は児童福祉司の配置を四万にすると同時に「全国平均を四〇件超える毎に一人配置する」と計画しているようです。ただ、「平均」という考えが良いのか疑問が残ります。六九自治体があるから、その平均なのか、二〇八箇所の児童相談所があるので、二〇八で割った数値なのか。いずれにしても、先ほどお話ししましたように対応件数が都市の一部に偏っている現状において、平均があまり意味しないのではないかと思います。

●統計に表れないもの

①児童虐待相談にかかる業務量

児童相談所で件数の多い相談は障害相談です。

グラフのように約四割が障害の相談です（図2）。

中心的な業務は療育手帳の判定などでその数の多さに日々追われるわけですが、ストレスは他の種別と比較するとそれほど高くないと言われます。

虐待相談は養護相談に含まれて全体の二割ですが、ストレスの高さが違います。「人員要求するならば、それを理解できるように説明してください」と予算を握っているところが言います。

図2　児童相談所の相談種類別件数

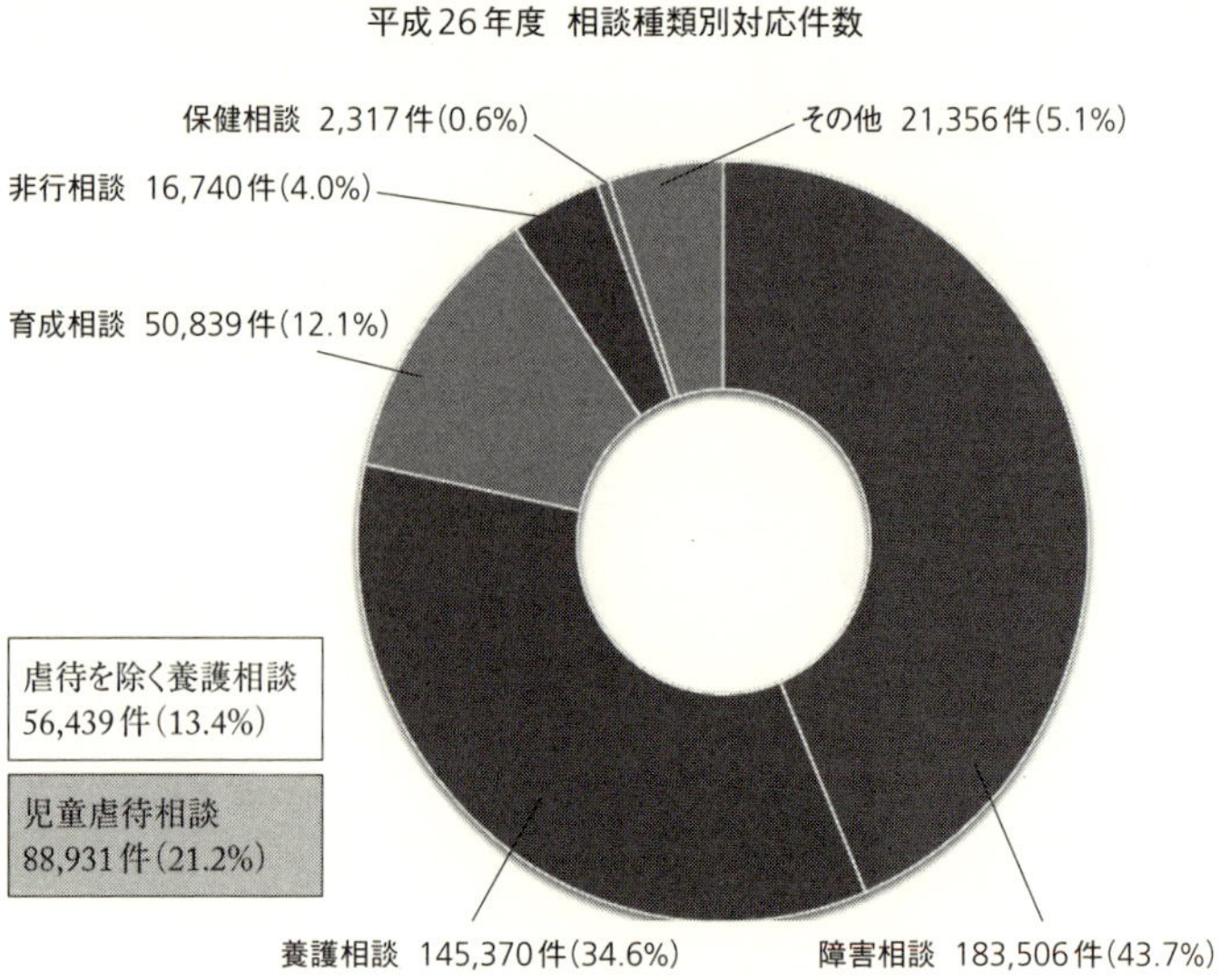

福祉専門職は人の話を聴いたり、保護者と向き合ったり、関係機関との調整は得意なのですが、財政当局を納得させるようなデータづくりはうまくありません。「同じ件数でも一件の重みが違う」「虐待対応を経験してみなければ、このしんどさはわからない」「職員がバーンアウトするかもしれないから職員を増やしてほしい」といくら言っても財政当局や上級官庁は何もしてくれません。「数字で示してください。件数は増えているのですか」と言われます。

そのような状況に対応すべく、関西学院大学の才村純先生が五分間タイムスタディで業務量を定量化しました（表1）。

療育手帳の判定業務などを中心とする「心身障害相談」を一とした時、「児童虐待相談」は一二・八倍、「非行相談」は四・六倍というように、同じ一件でも一件の重みが違うという調査結果が出されました。

かつて、このデータを添えて私は、児童福祉司増員の予算要求をしましたが、財政は「そうですか」と聞くだけでした。幸いにも私が在任中に児童虐待にかかわる重大事件は発生しませんでしたが、他の自治体の状況を見ると、増員を考えてくれるのは大きな事件が起こり、謝

表1　児童相談所における相談種別と業務時間指数

養護相談	9.5
児童虐待相談	**12.8**
心身障害相談	1.0
非行相談	4.6
育成相談	1.8
不登校相談	3.2
不登校以外の育成相談	1.5
保健・その他相談	3.0

心身障害相談を1.0とした場合の相談分類別業務時間指数（才村ら2004年度調査）

罪会見をした後というのが現実のようです。

児童相談所の相談の特徴は「未確定な断片情報が多い」とか「ニーズがない」「招致しても来所しない」あるいは「攻撃的な保護者の対応」などがあります。また、「困ってない」と言います。実はクライエントは困っているが、困っていることに気づいていません。困っているのは周囲、近隣であり、「児童相談所は何とかできないのか」とお叱りを受けることもあります。

相談の特徴のもう一点は、限られた期間での診断、行動観察をしないといけないということです。施設入所の予定が決まるとそれにあわせてプランを練り、行動観察記録を整えたり時間に追われます。

②保育所からの相談件数

保育所は虐待予防に関して有効に機能しています。保育現場は早期発見の場であり、予防の場でもある。ところがこれも統計に表れていません。

例えば、平成二四（二〇一二）年の児童相談所の福祉報告例で虐待対応件数が六六〇〇〇件のとき相談経路が保育所からのものをカウントすると九〇九件と、わずか一・四％です。でも、そんなに少ないはずはありません。これは児童相談所の相談経路とは、児童相談所につながった直前の相談機関を表しているので、発見機関＝相談経路となっていないからです。

市町村福祉事務所からの相談経路が八％ありますが、その中にも内在していると考えるべきですし、市町村のデータは平成一七（二〇〇五）年から児童相談所とは別にとっていますが、その中にも保育所からの相談が隠れています。それらを合わせるともっと多くなります。

通告先が一元化されている金沢市の場合をみてみます（図3）。

金沢市は児童相談所が、市町村の児童家庭相談業務もやっており、軽微なケースから重篤なケースまで全部受けています。福祉事務所を経由しないので、保育所からの相談が四七件（一二・二％）と多く、また、学校からも直接つながるため件数が多いことがわかります。

注目されるのは、虐待者本人からの相談も多いことです。虐待者本人からの相談というのはどういうものか。産後うつや望まぬ妊娠などがあります。「子どもが泣き止まないので揺さぶってしまいました。虐待しそうで心配です」と子育て不安にかかわる相談が結構あります。相談体制が一元化されている自治体であるからこそ相談の間口が広く、よく見えます。

図3 平成24年度金沢市の虐待相談386件の経路

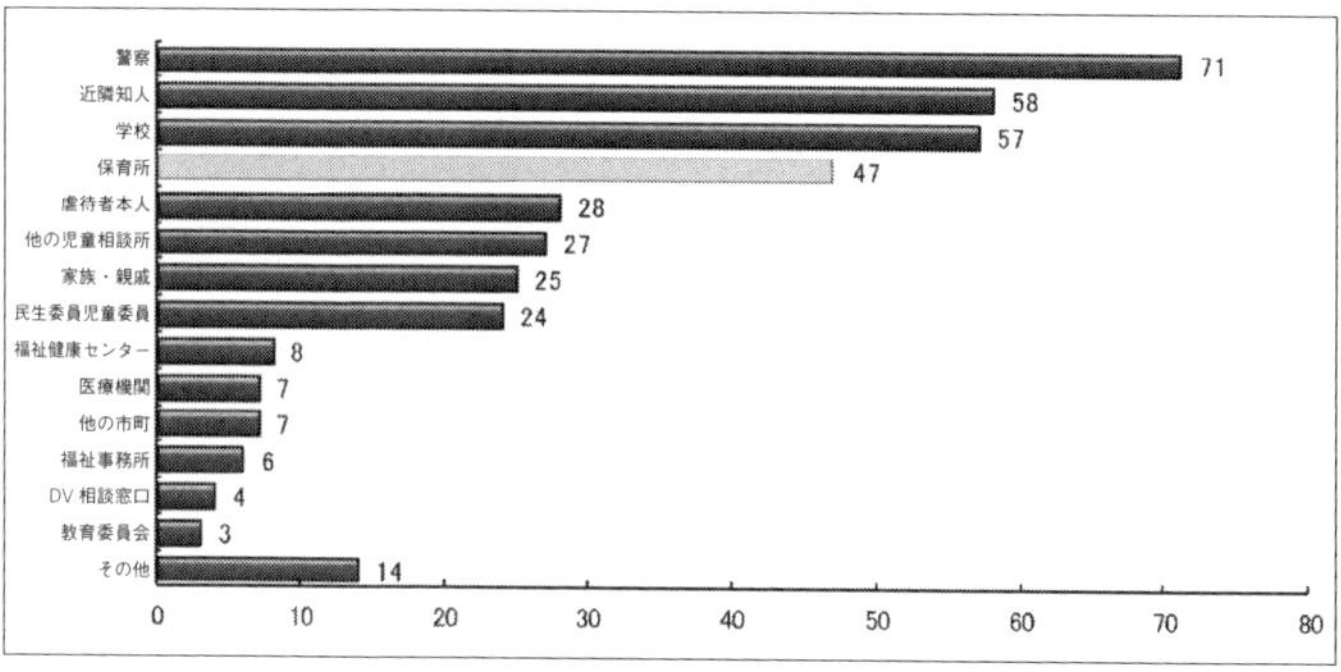

●スムーズに支援が進まない要因

先程、児童相談所は何もしていないわけではなく、スムーズに支援が進まないと言いましたが、要因を三つにまとめてみました。

一つは関係機関、関係者との認識の違いがあって、うまく支援できない場合。二つ目は一時保護所の状況によって緊急保護がスムーズにいかない場合。やむをえず緊急保護すると一時保護所が混乱します。三つ目に都道府県と市町村との二元体制ゆえ齟齬が発生する場合です。

①関係機関、関係者との認識の違い

児童相談所より、ある公立保育所に見守りをお願いしていたケースにかかわる認識の違いのエピソードです。

保護者からの身体的虐待により児童の顔にあざのあることが後からわかり、園長に「このような場合、もう少し早く連絡してください。また、あざや傷を写真など記録に残しておいてください」と改めてお願いしました。すると園長は「最初からクロと決めつけるのはどうなのでしょうか。保育所に求められるのは通告義務で写真を撮ることはできません」と言われました。また、「他の保育士と情報共有していますか」と聞くと「色メガネで見ないように主任と私と二人で把握しています」、さ

らに「大した怪我でもないうえ、一日欠席したからといって児相に連絡するのはどうなのでしょうか」「保育所料を大分滞納しているので民間保育所ならとっくにやめてもらっています」と話されました。

虐待防止機関である保育所は発見・通告以外にも求められる役割があります。

児童虐待防止法は全一七条からなる議員立法で、簡潔で、虐待の定義なども書かれているものです。この中の第五条、早期発見の第二項に「学校、児童福祉施設は児童の保護、児童相談所の施策に協力」しなければならない。第三項では「保護者に対して教育・啓発」と書かれています。通告だけが義務とは書いていません。

「大した怪我ではない」という認識もどうかと思います。あざは相当強く叩かないとできません。顔面のあざは衝動がコントロールできていない危険なサインだとみないといけません。ましてや数箇所のあざとなると何回も叩かれており、色が違うあざは継続して叩かれているとみるべきです。

毎日の登園が虐待のエスカレート予防になります。登園により確実なモニタリング、そしてネグレクトの改善ができ、家族の変動がわかります。虐待対応の資料として写真で記録を残すことが、リアリティを伝え、後々の客観的証拠としてもたいへん有効です。介入のタイミングがあるので、怪我をした時にすぐに児童相談所に言っていただくことも大事です。

認識の差が生じるのは保育所だけではありません。虐待予防機関である保健センターとのやりとりでみられた実例です。

児童相談所に児童虐待の通告があると、情報収集を行います。その際にとても参考になるのは一歳半健診とか三歳児健診時の記録です。ある日、住民から通告があったため、二〇代の若い児童福祉司は保健センターの保健師に電話して、情報収集しようとしました。返ってきたのは「今、担当保健師は訪問中です。夕方にもう一度電話してください」と悠長な回答でした。他の保健師さんでも検索できるはずです。

公立小学校の校長先生からの虐待通告に見られた一例です。子どもの怪我が続いており、児童相談所では今回の通告で家庭に介入しようとしました。すると校長先生は「親が相当なクレーマーで、以前、いじめの問題で教育委員会も含めて対応に苦慮したので、児童相談所に連絡はしたが、すぐ対応しないでくれ」と言われたのです。さらにこちらが対応すると言うと「さっきの通告、取り消します」と言われました。

通告があると児童相談所ではどんなふうに対応するのでしょうか。

まずは、すぐに緊急会議を開きます。所長がどこに居ても呼び出され、当面の対応を検討します。厚生労働省令である「虐待対応の手引き」というマニュアルに「原則四八時間以内の安全確認の実施」「子ども本人の直接黙視による確認」が義務付けられており、実行します。

自治体によって「二四時間以内」と定めてやっているところもあります。

しかし、なかなか黙視できません。子どもを確認にいくと玄関先で「今、寝ています」「やっと寝たところなので帰ってください」と会わせてもらえない場合も少なくありません。

私は部下に、会わそうとしない時は子どもの顔に傷があるとか、何か後ろめたいところがある可能性があるので「子どもを見るまで粘れ」と言ってきました。部下が「このまま帰ると所長に怒られるから」と玄関先で根競べとなり、早く帰ってほしい保護者はついに子どもを玄関先まで抱きあげ持って来て安全確認を終了させることができました。「安全確認を怠っていなければ救えたかも」と決してならないように少々強引に子どもの顔を確認することも必要です。

発見機関は、通告に対する葛藤があって、心情的に親との関係を悪くしたくない。でも児童相談所に言っておかないと後で「なぜ言わなかった」と言われる。できれば対応の難しい家族にかかわりたくありません。親は「なぜ、保護者より先に児童相談所に連絡したのですか」「虐待の証拠があるというのですか」と発見機関に攻撃的になったりします。発見機関の気持ちもわかりますが、対応には腹を括っていただきたいと説明してきました。

児童虐待防止法第七条に「当該通告をした者を特定させるものを漏らしてはならない」という規定があります。この規定は一般市民や通報者を守るためにあるのですが、これをタテに「通告したことをばれないように対応するのが児童相談所の仕事ではないか」と言う保育所や学校、病院もあります。だからといって日中、保育所や学校から子どもを保護した際に、保護者に「児童相談所がたまたま通りかかって見つけたのです」と言ったところですぐにばれてしまいます。それらの機関は虐待防止機関として、毅然とした対応をしていただき、「法律に基づいて事前に通告しなければならないのです」と保護者に伝えた上で児童相談所に連絡していただくと、保護者の怒りも少しは減ります。

虐待防止機関は、組織内での対応、進行管理をしっかりしないといけません。今、学校や保育所では援助者、管理者として責任を問われる時代になっています。

「事実を把握していたのか」「危険度、緊急度の判断が適切であったか」「その事態に対して適切に対応していたのか」と責任を問われます。たとえ法的な責任が問われなくても説明責任は問われますので、管理者として進行管理と対応、職員間の情報管理をきちんとしないといけません。通告に際して学校長、施設長が一歩、判断を間違えますとマスコミで叩かれ追及されることになります。

その一例を紹介します。子どもに傷があることを担任の先生や養護教諭が気づきました。その後、再度、子どもに傷があることに気づき、校長に報告しました。欠席が続いた時に、担任が、保護者に尋ねると「親族のところに行っています」という返答でした。しかし、実際は虐待により死亡しており、事件として明るみになりました。児童相談所に通告しなかった校長は「なぜ通告しなかったのか」と責任を追及されました。

認識の違いは、もちろん、ケースの親ともしょっちゅう生じます。

一か月の子どもで、母親が産後うつ。強い育児不安があって、高層マンションに住んでいるケースです。保健センターの乳児訪問の際、お母さんから「母子で死にたい」との発言があり、保健師から児童相談所につながりました。父親は大学病院のエリートです。しかも院内児童虐待防止倫理委員を務めていて虐待に関してかなり知識がある方でした。

児童福祉司から「もう少しお母さんの話を聞いてあげてほしい」と伝えますと、父親は「妻には何ひとつ不自由なくさせている。好きなものを買い与え、小遣いもいっぱい与えているし、何が不満なのだろうか」と言いました。

数日後、母親から「ここから飛び下りたら楽になるかな」と児童相談所に連絡がありました。児童福祉司がすっ飛んでいき、「しばらく子どもを預かりましょう」と提案しました。母親としても「そうしたいのですが、父が反対しそうだからやめます」と言われました。児童福祉司は危機的な状況と思い、「私からお父さんを説得しましょう」と、職場に電話をしました。

父親は職場に電話してきたことに腹を立てて、「もっと他に助けるべき家庭があるだろう。うちは大丈夫だからほっといてくれ」と全然、心配していません。結果的に子どもを預かることができず、毎日、家庭訪問して母親の話し相手になることで、だんだん落ち着いてきました。

おそらく強引に保護する手段をとっても良いケースであっただろうと思う反面、保護した後の父母の関係悪化を考えると、あの時、無理に保護しなくてよかったのかなとも思います。このように結果オーライでハラハラドキドキ見守るケースはたくさんあります。

子育て不安が一般化してきています。厚生労働省の外郭団体の日本小児保健協会の一〇年に一度のアンケート調査ですが、一般のお母さん方にアンケートをとると四人に一人は「育児に自信がない」。四人に一人が「子育てを放棄したくなる」。九人に一人は「わが子に虐待していると思います」と答えています。いかに子育て不安が一般化しているかがみえてきます。

何をもって危険ととらえるべきか。

この九点くらいが断片状況として危険な情報ですが（図4）、私の経験では最も危険なのは一番です。「産むつもりはなかった。顔もみたくない」というお母さん。子どもが親を避けるよりも、親が子どもを拒否する方が子どもの死亡につながりやすく危険です。さらに乳児への外傷行為、頭蓋内出血は危険です。

断片状況は「何かおかしい」ということが支援の糸口になります。

こういう虐待見守り事例がありました。きょうだいで保育所に通っているが、下の子だけ連れてきて「上の子は今日、発熱して休みます」。その時に保育士が車の中にいたお姉ちゃんの姿をちらっと見ました。「ワンボックスカーの後部席でピョンピョン跳ねていて元気そうだったので、違和感を覚えました」と児童相談所に連絡をしました。

「きっとこれは怪我しているな」と児童福祉司が家庭訪問すると、本児だけが家におり、予想通り、顔面にあざがありました。どうしたのと聞くと最初のうちは「階段からこけた」と言います。しかし、本当は内縁の父に殴られて、お母さんから「言ったらだめ」と言われていることを話してくれました。子どもを保護して、保護者を児童相談所に呼んで話し合いをし、虐待の抑止を図りました。

図4　危険と捉えるべき断片情報

①親が子どもを拒否する
②子どもが親を嫌がる
③家族構成の変動
④実子ができた後の連れ子
⑤乳児への外傷行為
⑥きょうだいの不審死
⑦栄養不良、成長停滞、体重減少
⑧継続する外傷
⑨頭蓋内出血等重度の外傷

②一時保護所の状況によって緊急保護がスムーズにいかない

「一時保護所における混合処遇の課題」という大沢朋子先生の研究で、一時保護所に非行児童と被虐待児童が同時期に保護された時、対応に苦慮するというデータがあります。

被虐待児の中には周りの空気を読めない子どもが存在し、そのためその言動が虐待を誘引している場合もあります。だから非行が主たる要因で入所してきた年長の子どもに対しても、ずけずけものを言って怒らせる要素を持っています。親から虐待されて保護されている子どもが、保護所で非行児に殴られることも少なくありません。

そうなった時、虐待を行う親は「児童相談所はどう責任をとってくれるのだ。子どもを安全な家庭に戻せ」と文句を言ってきます。

一時保護所について、私独自の定義でいうと、「予測のつきにくい入所環境において異年齢、保護理由の異なる子どもの混合処遇を行わざるを得ない施設」です。こういう施設にあまりたくさん入れたくありません。非行の子がいたら被虐待児を入れたくないし、被虐待児が入っていたら非行の子が入所するタイミングを調整します。しかしそれができない切実さが現状にあります。現場では個別の支援を望んでいます。

③二元体制の問題

三つ目は都道府県行政と市町村との二元体制の問題です。二元体制であるために思いがすれ違うことがあります。「こんな心配なケースなのに児童相談所は保護してくれない」「ネグレクト（養育拒否、保護の怠慢なケース）は保護してくれない」「危険なケースなのに、もう保護解除して在宅に戻した」こういうことが市町村からぼやかれています。

児童相談所からすれば「市町村は丸投げだ。もう少し市町村の窓口で児童虐待の一義的対応をしてほしい」「通告があったので対応しようとしたら、親との関係が崩れるからやめておいてくれと渋られた」「市のサービスはあるが、なかなか使えないのはどういうことか」児童相談所からはこのような声があります。

なぜこういうことが起こるのでしょうか。双方、期待があるからこそ、すれ違うのです。つまり、市側からすれば「児童相談所に介入の権限を行使してほしい」「軽微なケースかどうかわからないから児童相談所に通告したのに、丸投げといわれる」「やっと保護してもらったと思ったら、もう解除されていた。しかも保護を解除した話は聞いていない」。

一方、児童相談所は、「軽微な事例は市町村で対応してほしい」「行政処分ではなく、市町村の子育てサービスを利用したい」「児童相談所の方針に協力してほしい」という思いがあります。

一時保護は行政処分であり、決定をした日から三か月以内に知事や市長に審査請求ができ、六か月以内であれば県に対して処分の取り消しの訴えを提起できます。権限行使の手続きは簡単ですが、一時保護はリアクションが大きいことを勘案しないといけません。児童相談所としては「何でもかんでも行政処分とはできない」と説明するのですが、なかなか理解してもらえません。そして、だんだん諦めや不信感となってきます。

市町村側からすると「権限があるのにどうして介入してくれないのか」「一時保護所や施設は空きがないのか」「児童相談所の担当者によって当たり外れがあるのは仕方がない」「忙しいから丁寧に連絡してこないのかな」と不信感が募ります。

児童相談所も「ショートステイはいつも空きがない」「夜間や休日、市町村はあてにならない」とか「市町村によって対応にばらつきがあるのは仕方がない」と諦めます。どんどん溝は深まっていく。それではどうすればよいのでしょうか。

地域を担当する児童福祉司と可能な限り接点をもつこと、日頃からケースを通じて児童相談所とともに動くことをしないと理解はできません。たとえば市町村の強みである、虐待予防、家族支援は市町村の中心的な業務で市町村が行います。そのため児童相談所の下請けと思わず、現場に足を運ぶことが必要です。市町村の機関のコーディネーターとして児童家庭相談の部署が生活保護、保健センター、学校、保育所とのパイプ役を果たすことが重要です。介入とかリスクネジメントは児童相談所がやってくれるから、その前段階的なところを担います。それでも二元体制の解消を図ることは難しいでしょう。

●児童相談所にかかわる中核市必置の議論

では二元体制の解消を図るにはどうしたら良いのでしょうか。答えは市が児童相談所を持ったら良いのです。

二〇一五年末から児童相談所の設置拡大の議論がありまして、国の「新たな子ども・家庭・福祉に関する専門委員会」の一一月二七日の報告案では「中核市に児童相談所を必置」と改正する動きが見られました。現状は「つくることができる」となっているのを改正し、方向性として「二年後を目途に中核市と特別市に児童相談所を必置」となっていたので私はわくわくしました。

しかし、何回か委員会を経る間に後退して、三月一〇日に提言が出て「金沢市と横須賀市では中核市として児童相談所を置いたもののいろいろ課題がある。必置とすべきであるという意見もあるが、五年を目途として設置することができるよう支援を行う」という奥歯にものが挟まった感じになっています。

中核市は人口二〇万人以上に規制緩和され、現在、全国で四七市あります。一番小さな広島県呉市の二三万人から大きいところでは船橋市の六一万人、四五市が新たに児童相談所を作っても良いのですが、国が必置としない限り、前には進まないでしょう。

「消えてしまった必置」が残念でたまりません。なぜ自治体が消極的なのかを考えてみます。

イニシャルコスト、ランニングコストに莫大なお金がいること、人材の問題もありますが、実はそれ以外に大きな裏の理由があります。それは虐待対応の大変さという本音の部分です。一つの市役所では管轄区域が狭いから異動の限界があり、攻撃的な保護者からの職員を守れないと言ってしまうと、もはや子どもを守ることはできません。

●児童相談所設置市の現状と課題

中核市で児童相談所を設置した金沢市のことを紹介します。

金沢市が児童相談所をもった最大のメリットは「一元化して市と児童相談所で情報が共有できていないとか、どちらが主担になるかという責任のなすり合いがない」「市と児童相談所の狭間で埋もれてしまうことがない」ということです。

さらに設置した効果を四つに整理してみます。

①迅速性、機動性：基礎自治体ですからすぐに駆けつけることができます。通報から安全確認まで数時間で終わります。

②身近な相談窓口：児童相談所は広域行政ですので、市が児童相談所をもてば窓口が住民に近くなります。

③他部局課との密接な連携：何よりも大きいのは他部局課との密接な連携です。児童相談所のケ

ースの中にはいわゆる「ゴミ屋敷」の家があります。子どもを保護するだけではなく環境改善が必要です。市には清掃担当課があるので、担当がいっしょにいってゴミの整理をします。また、外国人のケースの場合、国際交流課の通訳担当の職員と訪問して密接な連携ができました。

④児童家庭相談との一体化：何といっても児童家庭相談＝児童相談所という一元化が大きいです。ただ中核市が児童相談所をもった時の課題として「人材確保と育成」が問題となります。児童相談所に誰を配属させるか毎年悩みの種でした。どんなにその人が児童相談所にフィットしているからといってずっと児童相談所においておくわけにはいかず、ローテーションさせないといけません。

市が持つ保育士、保健師という資源を最大限に活用することが有効です。児童相談所運営指針という国の作った児童相談所のマニュアルには、都道府県と政令市のことしか想定されていなくて、中核市のマニュアルがないことをつくづく感じました。

●児童にかかわる予防や防止の諸課題

さて、子どもたちを守るために、みなさんにもできることがあります。

里親になりませんか。子どもの養育に熱意があれば誰でも登録することができます。安定収入のある公務員や教員は里親にベターだと思います。登録してみようと、少しでも思ったならば、ぜひ最寄りの児童相談所に行っていただきたく思います。

諸外国における要保護児童が里親に委託された割合を見てみます（図5）。欧米諸国では大半の子どもが施設ではなく、里親に委託されますが、日本ではグラフのとおり少ないです。表では一二・〇％になっていますが、現在、日本は一五・六％です。

里親は社会的養護の中において、「家庭養護」という重要な役割を担うとされながらなかなか普及しません。なぜ日本は低いのでしょうか。欧米諸国が高いのは宗教的な要因がありますが、それを除けば、わが国の里親制度の認知度の低さです。養子縁組と混同して正確に理解されていません。

措置時の実親の同意もネックとなっています。里親に委託すると伝えると、子どもを取られた感覚を持つようで、施設入所なら同意するが、里親への措置は同意しないと言って、委託できない現状があります。

また、子どもの問題が大きい場合、例えば発達障害とか虐待による心身への影響が非常に大きい子どもの場合、専門里親と

図5　各国の要保護児童に占める里親委託児童の割合（2010年前後の状況）（%）

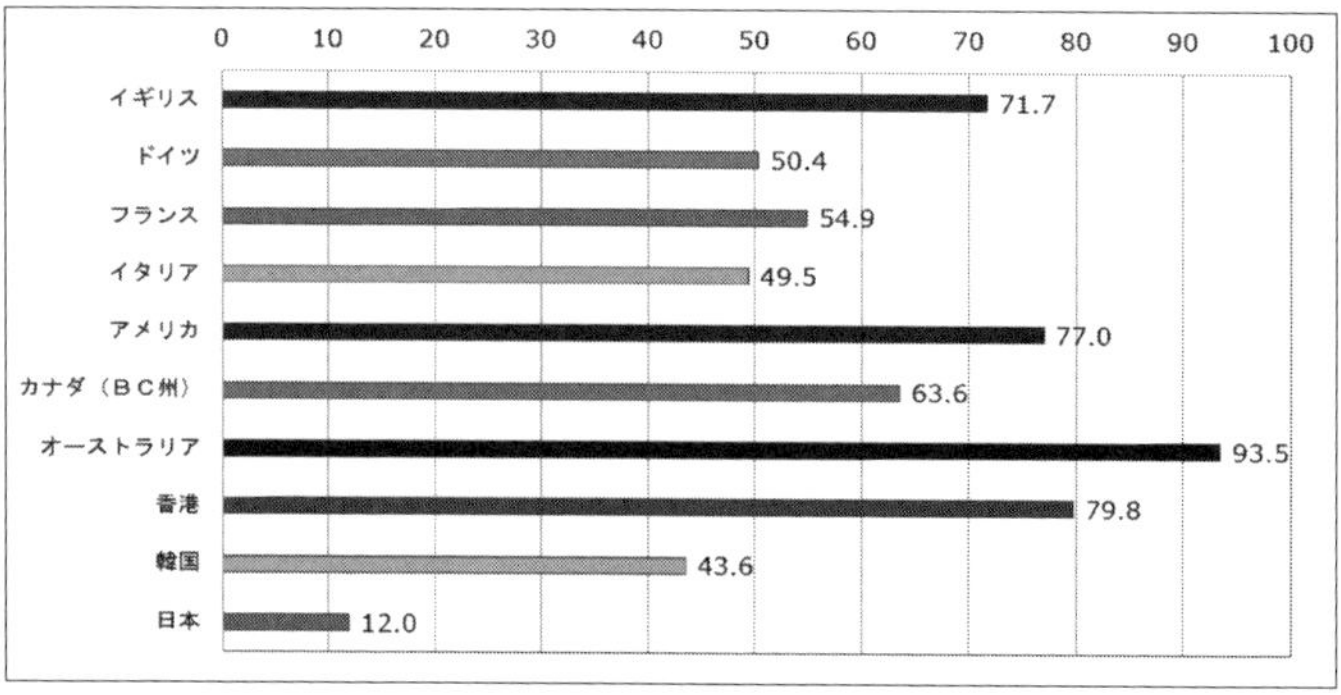

言う手立てはありますが、里親家庭に委託しにくい実情もあります。

さらに、実施体制上の問題で、児童福祉司が里親の支援まで手が回らないことも普及しない要因となっています。もっと里親家庭に行って「里親さん、どうですか」と顔を出せば良いのですが、緊急対応に追われて、優先順位として後回しにされている実態があります。

その他、マッチング等に手間と時間がかかります。国は「里親優先の原則」を打ち出しましたが、親から分離するため、とりあえず施設に入れて、その後の働きかけがないことも里親委託の進まない理由のひとつです。

全国の委託率を見ると、最も低いのが秋田県で六・二%、続いて堺市です。京都府も七%台と低い方です。最も高いのは新潟県で四四・七%です。全国平均は先ほど一五・六%と申し上げましたが、地域に児童養護施設が少ないとか、里親の取り組みを自治体あげてやっているとかの要素もあり、地域間格差が生じております。

最後に通告電話番号について触れておきます。一五年ぶりに三桁番号が登場しました。児童相談所の電話番号がわからなくても「一八九」をかけるとつながるというものです。海上事故が起ったときの「一八八」が二〇〇〇年に登場して以来の三桁番号だそうです。

しかし、試しにかけてみると自動音声で「お住まいの郵便番号を入力してください」と言われて、多分、多くの方々は途中で中断されるのではないかと想像しました。

つながるまでの平均時間が長すぎるという評判の悪さに対して、国では時間を六〇%に短縮すると言っていますが、警察のような指令本部にかかってつながるというのが本来の緊急通報システムだと思います。

●おわりに

私は福祉の仕事に三〇年、半分の年月は児童相談所で費やしました。児童相談所の業務はつくづく達成感を感じにくい仕事だと思います。また、残念な話ですが、使命感と責任感に満ちあふれて児童相談所職員になった人が力尽きて職場を去っていく姿を、これまで何回も見てきました。子どもを守る最強の砦である児童相談所を支える人材が疲弊しきっていては何もなりません。

うまくいって当たり前、事案が発生するとマスコミに叩かれたり、時には地域の理解を得ることができなかったり、日頃からポジティブな評価を得ることの極めて少ない仕事に携わっている児童相談所職員に心から敬意を表して、私の講義を終わらせていただきたいと思います。ありがとうございました。

〈質疑応答〉

質問　臨床心理学科二回生です。最後に児童相談所は達成感がなく、バーンアウトされた児童福祉司や児童心理司も少なくないと言われました。先生は、これまでの仕事の半分が児童相談所の仕事だったと話しておられましたが、そこでやってこられたのは何があるからでしょうか。

川並　多分、性格だと思います。家に帰ってお酒を飲んで寝るとクリアされ、次の日、引きずらないタイプです。児童相談所時代、深夜、熟睡中でも構わず携帯が鳴ります。「所長、一時保護してよろしいですか?」「ご苦労さま、対応してください」と伝えると、横で妻がポツリと「あんたはご苦労さまとしか言わないね」。そして、受電後、私は再び寝てしまって、再度、電話がかかってきたときは「その後、どんな様子や?」と、さも起きて報告を待っていたように受話。そういう性格だからやってこられたのかなと思います。

生真面目で「あのケース、明日どうしよう」と抱え込むタイプの方はつぶれやすい傾向があると思います。また、思い入れが強すぎると、現実とのギャップが生じてバーンアウトされる場合もあります。でも夢や希望のない職場では決してありません。

質問　私自身は医療の立場から虐待のケースにかかわっていますが、児童相談所では医療との連携をどのようにとられているのでしょうか。また、医療機関と連絡をとる時の手順とかありましたら聞かせてください。それともう一つは、一旦、保護者の行動が落ち着かれた場合、何をもって終結と認識されるのでしょうか。忘れた頃に児童相談所から電話がかかってきて「まだ終結していなかったか」と認識させられたことがありました。一時保護中、保護者面談をしてくださっていたケースですが、その場合の親面談のポイントについて、どのような職種の方がどのような計画で何をもって改善されたと判断されるのかについてもお聞かせください。

川並　児童相談所の連携が特に重要なのは学校、保健所、警察、医療機関ですが、実は福祉とのスタンスの違いがあり、スムーズにいかないことも多々あります。

警察は犯罪の追及、医療機関は治療の場、学校は教育というそれぞれのスタンスがあります。

医療機関と連携を図るために日頃から医師会との関係を良好にするとか、児童相談所の役割を理解してもらわねばなりません。管轄圏域にある中核的な病院を児童虐待協力病院として定め、提携して何か起これればすぐ対応できる体制をとっております。児童相談所は医療機関との連携は重要視しています。なぜなら児童虐待に介入していく中で、医師と弁護士が最も心強い関係者となるからです。

ただ保護者の立場に立つお医者さんもいますので、時々「これは虐待とは言えない」と、児童相談所と対立する場合もあったりします。弁護士も、保護者側につくと厄介です。子どもを中心に考え、子どもの権利を守っていただきたいものです。

何をもって終結かということと親との面談のポイントについてのご質問ですが、虐待を行った親が「わかりました。反省しています」と語ったとしても鵜呑みにしないことです。「もう二度と叩きません」という言葉を信用して何度も失敗しています。態度、生活をどう変えていっているか、子どものために生活に変化がみられるかをモニタリングしながら終結を検討します。

保護者の面談については児童福祉司が中心にやっています。ただ、保護者のカウンセリングまで入っていくことはあまりできていません。

質問　医療機関との連携は頭蓋内出血とか重篤な場合かと思いますが、発達障害支援センターとの連携も今後、課題になるかと思います。金沢市ではどういう風にやっていましたか？

川並　児童相談所のある同じ敷地内に教育プラザという建物があり、そこでは市としての発達障害の相談もやっていました。発達障害の子どもたちや不登校の子どもたちを中心に教育委員会との接点を持ちながら嘱託医にも来てもらいやっていました。何件か見学にいったところでは発達障害支援センターと児童相談所が併設となっている自治体もありました。

都道府県レベルではそういった施設間で人事異動を含めて日頃から連携しています。

質問　修士一年です。一つは一時保護所における混合処遇の課題について。それに対する対策とか工夫を実践されたことがあれば。二つ目は、テレビの「虐待しそうになったら電話して」というコマーシャルがありますが、マスメディアを通じての虐待防止の効果について教えてください。

川並　建築されたのが古い一時保護所ではハード面から混合処遇せざるをえない状況はあります。その際トラブルが起これば、加害児を別室にして、職員が個別に一人ついて対応する方法を取ります。金沢市は新しく建てたので居室の多くは個室にし、トラブルを回避するため部屋を柔軟に分けるようにしていました。社会的養護の小規模化が求められていますが、一時保護所も小規模化、個別化できる部屋割りを目指すべく、建て替えを機に着手していっています。新築や改築のところはハード面から個別対応が可能になっています。

二つ目のご質問については、虐待防止推進の象徴である、オレンジリボンをつけ、あるいはポスターや公共機関を通じて周知していこうと国や自治体は取り組んでいます。バスの広告、地下鉄の中、タクシーのボディなどピンクリボンと同様、オレンジリボンを見かけることも多くなりました。オレンジリボンがまだ、多くの人々に認知されているわけではありませんが、一一月に行われるキャンペーンの効果は、児童虐待に関心を持ってもらうことに寄与していると思います。

質問　長年、京都市で養護教諭をしていました。私が経験した学校では発見した時点で校長と相談しながら話を進め早期対応ができました。クレーマーだから躊躇するということはなかったです。

養護教諭のいる保健室への来室は虐待を発見しやすい場ですが、昔とちがって最近は体操服を着ますので外装で見つけるのは難しいです。もっと子どもたちとのかかわりから見つけられる方法とかあれば教えてください。

川並　学校における虐待の発見については養護教諭がキーパーソンになると思っています。保健室に用事もないが来る子どもの中には、何らかの思いを伝えたいという場合もあります。保健室は学校の中で最もＳＯＳを受けとめられる場所です。何度も保健室にくる子どもに、「どうしたの」と話を聞いていただきたいです。

ただし、傷を確認するためにいきなり服をめくり上げるのは、たとえ保育所の小さい子どもであっても良くないです。では何かいい方法があるのか。お話を聴く姿勢があることを子どもに示すのが大切です。そうすると、子どもの方から話が出てきます。四種類の虐待の中で、最も発見しにくいのは性的虐待です。自分から言わないとわかりません。養護教諭が「元気ないね、どうしたの」と聴くと「実はね。お父さんから」ということで児童相談所につながる場合もありました。子どもの話を聴く耳をもつことが重要かと思います。

質問　臨床心理学科三回生です。虐待をしたくて、したい親はいないだろうなと感じました。子どもの気持ちを考えても親のことをかばいたい気持ちもあるのだろうなと思います。地域の中に子どもたちのためのデイサービスとか、ショートステイとかあればいいと思います。「児童相談所」、「虐待」という言葉はスティグマがあります。間にクッションを挟む保護者と専門職が連携できる場所はないでしょうか。

川並　相談体制は身近な「市町村」がこれからのキーポイントになると思います。児童相談所の扱う事案は「虐待」という言葉も含めて重篤性、緊急性が先行します。そうではなく、子どもたちの居場所づくりが今後の虐待予防の課題にもなってきます。貧困問題にかかわる「食」や「学習」を切り口とした居場所づくりが進んできています。また、子どものショートステイは各市町村でやっています。子どもの居場所や保護者のレスパイトを図るべく、行政処分ではない、サービスとしての資源や施設を十分活用することに市町村が取り組んでいくべきだと思います。

司会　お話を伺って子育て、介護等における虐待には共通する部分があるなと感じました。

また、テレビ報道での関係者の言葉「緊急の課題ではないように思えた」とか「改善されたと思って解除したら虐待があった」などに関しても、不作為だけが取り上げられるべきではなく、違う見方として待遇改善も含めたマンパワーの充実も重要かと感じました。今後、身近な市町村の取組みが虐待の予防や防止のキーポイントであること。国の施策が、子どもの命を守るという点では、まだ十分でないという印象を受けました。川並先生、ご参加のみなさま、ありがとうございました。

（花園大学人権教育研究会第回95回例会・二〇一六年五月二十四日）

引用文献・資料

＊山口亮子：「アメリカの児童虐待法制度と日本の課題」『児童虐待防止法制度――改正の課題と方向性』尚学社　二〇〇三年九月一日

＊厚生労働省：平成二八年度全国児童福祉主管課長・児童相談所長会議資料　平成二八年八月四日

＊大澤朋子：「研究二　児童相談所一時保護所に非行児童と被虐待児が同時に一時保護されたときに対応に苦慮

したこと」『非行児童の支援に関する研究』公立大学法人会津大学　平成二八年三月三一日

＊才村純他：「虐待対応等に係る児童相談所の業務分析に関する調査研究」『日本子ども家庭総合研究所紀要』第四一集　平成一六年度

＊開原久代：「家庭外ケア児童数及び里親委託率等の国際比較研究」（平成二三年度厚生労働科学研究「社会的養護における児童の特性別標準的ケアパッケージ」）

参考文献・資料

＊厚生労働省：児童相談所運営指針　雇児発一二二七第六号　平成二五年一二月二五日

＊鈴木勲編：『非行児童の支援に関する研究』公立大学法人会津大学　平成二八年三月三一日

＊川並利治：「児童相談所設置市の課題と展望――これから設置を目指す自治体へ――」『子どもの虐待とネグレクト』Vol.四三（二〇一五）四四〜五〇頁

三鷹事件

――竹内景助氏の主張の変遷

脇中　洋

●はじめに

二〇一一年に三鷹事件の第二次再審請求を、竹内景助氏の息子さんが請求人になって始めました。それに伴って弁護団から私に供述分析の依頼があったことから、本日は三鷹事件について紹介させていただきます。実は本日七月一五日は、まさに三鷹事件が起こった日です。事件が起こったのは午後九時二四分。当時はサマータイムを採用していたので、現在の時刻だと八時二四分頃ということになります。

事件の背景には現代史、戦後史や政治史上の問題が絡んでいますが、私は心理学の立場ですので、政治的背景や歴史的背景にほとんど立ち入らずに、竹内景助氏の事件に関する諸供述のみを扱います。本日のお話で、もし「時代背景を鑑みると別の視点が考えられます」というご指摘があれば、今後竹内氏の供述分析を深めるにあたって、是非ご意見を頂いて検討したいと思います。よろしくお願いします。

●三鷹事件の概要

三鷹事件は一九四九(昭和二四)年、まだ占領下にあった日本での出来事です。国鉄三大事件のひとつとも言われ、下山事件、三鷹事件、松川事件の順に起こっています。夏時間の午後九時二四分、現在の八時二四分ですから、あたりは暗くなっていた。国鉄中央線三鷹駅西方の引き込み線、一番線に停めてあった七両編成の電車が東方六〇〇メートルにある駅に向けて暴走し、時速六〇キロで駅構内を突っ切って車止めを突破、大音響を立てながら駅のトイレ、派出所をめちゃくちゃに壊しました。幅四メートルの道路の向かいに運送店があったのですが、そこに先頭車両が突っ込み、車両はジグザクの状態になってようやく止まっています。この事故によって駅構内を歩いていた乗客、地元の医者、高校三年生、電車の技術系職員など六名が死亡、十数名が重軽傷を負いました。現場は混乱していたので、その惨状からか当初は二〇人以上死んだのではないかというデマが行き交っていたようです。

事件を取り巻く背景として、当時国鉄職員の整理解雇がありました。また一月ほど前には、国鉄組合員によるストライキが行われていた。事件の当日も、第二次整理解雇通知を受けて、三鷹電車区でも区長と組合員が押し問答をしていたこともあり、こうした政治的な背景がささやかれるのはやむをえなかったと思います。その一方でブレーキをかけ忘れた自然発車説を主張される方もいますが、後で調べると、故意かどうかはともかくとして、たとえブレーキを外したとしても三鷹駅構内は水平であるため、自然に動き出すことは、まずないのだそうです。

また、どの運転士も運転室に入るための共通の鍵を持っているので、それを使用すれば運転台に入ることはできました。運転台には電車を発車させるためのコントローラーがあって、そのレバーを動かすと電車が動き出す。ただ手を放すとコントローラーは自然に元の位置に戻るのだそうです。ですから、無人の状態で電車を暴走させるために、犯人はどういう手順を取ったのかは謎の一つでした。そして暴走した先頭車両の屋根の上にある前照灯は点灯していませんでした。また運転室の明かりもついていませんでした。ただ、客室内の電気は皓々とついていた。最後尾車両の屋根の上の明かりもついていた。

さらにパンタグラフは二つとも脱線した時点では上がっていた。パンタグラフが二つ上がっていたことは「一人で運転したのではない」とされる根拠となっています。パンタグラフは紐を引っ張って上げるタイプで、二つのパンタグラフを上げるためには、二箇所の運転台からそれぞれ紐を引かなくてはならない。事故車両は蒲鉾のような形状の63型電車で、戦時中、金属が不足していてドアの部分も床も木製、天井の板がなくて鉄骨が内側から見えるという、安上がりで金属をできるだけ使わないようにして作った車両だそうです。三鷹事件の後も時々事故を起こしていて、横浜の桜木町で車両が全焼し、一〇〇人以上が焼死するという事故も起きています。そういう意味で曰くつきの63型電車でした。

この63型電車の先頭車両が幅四メートルの道を斜めに突っ切って運送店の軒先に達して運送店が半壊し、瓦礫が散乱しました。GHQの下でMPと言われた米軍の憲兵たちが現場を取り仕切って日本人は近寄れない、中に入れない状態だったと言います。

また駅に隣接する交番を完全に壊しています。ところが交番にいるはずの四人の警察官は、事故の時点で誰もいなかった。と言うのも、事故の前に交番に「今日の夕方か夜に三鷹駅でえらいことがあるので交番を離れるように」という電話が入っていた。具体的に何が起こるかは伝えられなかったので、事故をどうやって防いだらいいのかは分からず、ともあれ警察官は持ち場を離れていた。これも一つの謎とされています。運送店の下田留吉さんは、「事故の直前、進駐軍の兵士が交番の東側に立っていた」と証言しています。別の目撃者で当時の一橋大生、後に朝日新聞編集局長になった堀越作治さんは、「被害者を救護しようと駆け寄ったらMPに『あっちへ行け』と言われた」と手記に書いています。さらに「MPが事故電車に乗り込んで電気回路などの機器をアセチレンガスのバーナーで焼き切って持って行った」という国労の調査官の証言もありましたが、これは誤った情報のようです。運転席から証拠物が全くなくなっていたら事件を証拠化することができませんから、これは流言的な話ととらえた方がいいかもしれません。ただ、当時情報がかなり錯綜していたということは確かです。

●列車暴走の謎

新聞報道では「共産党が関与している」と言われていましたし、「まさにそうだろうな」と思わせるような時代背景もありました。国鉄職員の整理解雇が大量に行われていた時期ですから。そして無人車がなぜ暴走したかについては、事件翌々日の読売新聞の記事に「コントローラーを紐で結わえつけて固定した。その後、パンタグラフで電源を確保すると次第に発進し始めて無人の電車でも暴走する」と出ています。この記事には、「ハンドルに紐」と見出しが付いていて「無人電車のトリック」とあります。運転経験のある人に聞きますと「コントローラーはずっと手で押さえていると腕がだるくなるので、中にはペンチをポケットに入れておいて、腕がだるくなるとペンチを差し込んで固定していた人もいた」と言います。また「紐で固定するのは紐が伸びたり、緩んだりしてコントローラーが元に戻るので紐は使わないと思う」という運転士の意見も聞いています。

この七月一七日の読売新聞の記事の他に、七月二二日の毎日新聞では、イラスト入りで「無人の列車をこうして操作した」という記事があります。それを多くの人が目にしているんですね。竹内景助さんもこれを見ていたと思われますから、後に逮捕された竹内さんが犯行供述の中で「コントローラーを紐で結わえ付けてからパンタグラフの紐を引いた」と供述したところで、これは「秘密の暴露」には相当しません。

コントローラーを動かすための鍵は引き込み線傍らの詰め所にあるのだそうです。普段はそれを差し込んで電車を発進させます。ところが竹内景助さんの供述では「引き込み線の線路に落ちていた針金を拾って、それを折り曲げて鍵穴に差し込んだ」と言います。これも実際に運転経験がある人によれば、「すぐそばの詰所にある鍵を持ってそれを差し込む方が早くて確実だから、動かせるかどうか分からない針金をわざわざ線路上で探し出して拾う必要はない」と言います。さらにパンタグラフを上げる際、63型の場合は紐を引っ張るタイプですから、紐に指紋が付くはずです。ところが指紋は公判を通して証拠として上がっていません。このため再審請求ではパンタグラフの紐に付いていたかもしれない指紋に関する資料の証拠開示を求めています。

新聞に掲載された推理では、パンタグラフが上がると即発進ではなく、しばらく時間を置いてから発進し始めるので、その間に犯人は立ち去ったという推理がされています。この新聞記事には犯人が運転台から飛び下りているイラストがあり、「動き出して一分半後には暴走に至る」と記してあって、これを多くの人が目にしていました。

●捜査側の動きと竹内氏逮捕

捜査側の動きとしては、当時は国家警察と自治体警察の双方があって、三鷹事件については国警の武蔵野支部、そして東京地検が同じ時期に動き始めていました。国家警察と検察庁は互いにライバル的な関係だったそうです。それでも事件後すぐに検察が現場に急行しているというのも、事前に何らかの情報が流されていたことを窺わせるものです。

共産党も事件前後に会議をしていたということで、新たなストライキを考えていたのではないか、ストライキの手段としてこの事件を引き起こしたのではないかと疑われています。こうして逮捕状を請求されたのが、三鷹電車区分会の飯田七三元執行委員長、中野電車区分会の山本久一元闘争委員長の二人です。これ以外にも共産党員だった七人が逮捕されました。みなさん、若くして捕まっています。これら共産党員が、秘密裏に会合を開いて事件の謀議をしていたという嫌疑をかけられていますが、後に逮捕された竹内景助さんだけは共産党員でありませんでした。竹内さんは共産党員の横谷武男氏とともに「実行犯として関与した」と疑いをかけられています。

竹内さんは八月一日に逮捕されてしばらく否認してハンガーストライキも行っていますが、八月二〇日になって単独犯行を自白しています。彼は事件の前日に整理解雇の通告を受けているのですが、共産党員から勧められるなどして共同で犯行を行ったのではなく、首斬りに対する憤りから自分ひとりで思い付いて電車を動かし、一旦停止のあたりで電車が停まれば駅構内の他の電車が不通となり、それをきっかけに全国的なストライキにつながるだろう、そして自分が受けた解雇通告も見直してもらえるだろうと考えたという趣旨の供述を始めました。これまで否認していたのは、予想以上に電車が暴走して大事故となってしまい、ストライキどころではなくなってしまったからだと言うのですね。

当時の新聞報道によると、担当の今野儀礼弁護士が「竹内が単独犯行を自白した」と発表しています。この単独犯行自白の日付が実際とは異なることもさることながら、弁護士がこの情報を漏らしたことは問題だと思います。この弁護士は、竹内さんに対して無罪弁護をしたのではなく、単独犯行の立場に立って主張をしています。というのも今野弁護士は竹内さんを守るのではなく共産党を守りたかったからでしょう。竹内さんに単独犯行を自白するよう説得までしています。

●竹内氏の犯行自白内容

中央線は中野から立川まで一直線に武蔵野台地を東西に貫いていますが、引込線を含む駅構内の見取図を見ると、三鷹駅の引き込み線は駅の西側にあって、本線の南側に北から〇番線、一番南に二三番線までありました。脱線した駅前には交番があり、組合事務所、入浴場、竹内景助さんの官舎は駅西方の引き込み線の近くにあります。竹内さんが「単独犯行」を自白した時の主張では、夕食後に自宅を出て行って一番線に止まった電車に乗り込んでコントローラーを紐で縛り、動き出した電車の運転台から飛び下りて帰ってきた。この犯行に要した時間は二〇分程度で済んだと供述しています。三鷹駅の周辺は今では大きく様変わりしていますが、一三番線まである引き込み線の形状は、当時と変わらず今もそのままだそうです。引き込み線を跨ぐ長い跨線橋は一九二九（昭和四）年に作られたもので、こちらもそのまま残されています。そして引き込み線は一番線がまっすぐホームに入っている。中央線も上下二本ずつ四本の線路が通っているところは変わりません。

今日七月一五日は、三鷹事件から六七年目の命日に当たるので、救援活動をしている団体が現場に黙禱を捧げたり、被害者の遺族が三鷹駅近くの禅林寺に参ったり、また竹内景助さんの慰霊碑が八王子市にあるのですが、そこに出向いて慰霊している方々もいるそうです。

引き込み線は北から順に〇、一、二、三、四と並んでいて、一番線に停まっていた七両編成の63型車両が暴走・脱線することで起きた事故だった。一旦停止部分を乗り越えてホームを突っ切ってしまった。「単独犯行」供述では「コントローラーを三ノッチまで硬く紐を縛って結びつけたが、コントローラーにはバネが付いているのでレバーが若干戻って二ノッチのところで止まった」というものがあります。こうしたコントローラーの固定の仕方で、電車を一旦停止部分で停車させることができるのか、それともそこを乗り越えて暴走に至るのか素人には分かりませんが、プロの運転士であった竹内さんが犯行におよんだ時の感覚としても、大雑把に過ぎるのではないでしょうか。

引き込み線の傍らには、官舎や検査掛の詰め所や組合事務所が点在しています。引き込み線の中には古い車両が一両停めてあって、この車両の中で共産党の組合員たちの謀議がなされたという供述も出てきます。ただ竹内さんの最初の自白は一人で思い付いて一人で犯行におよんだというものでした。そして犯行後、竹内景助さんは自宅に帰った後、入浴に行ったことになっていて、自宅から共同浴場に行ったことは否認段階の供述から一貫しています。暴走・脱線は九時二四分ですから、犯行を終えて戻ってきて入浴した時間は一〇時前ということになります。

●弁護側の働きかけと竹内氏の供述変遷

竹内さんは、一〇月の第一回公判の直前になって、共産党員に誘われて犯行におよんだといういわゆる「共同犯行」供述を上申書の形で示します。この時点に限らず竹内さんは公判を通じて供述の変遷を数多く繰り返していますが、供述を分析する時に重視するのは初期供述です。後になるほどさまざまなものが汚染されるように入ってきて、当人も自分の体験記憶が何だったかわからなくなるので、とりあえず初期の供述を重視します。当初の「否認」から「単独犯行自白」になった部分、さらに「共同犯行」になったあたりまでを重点的に見ていこうかと考えています。ただ実際には竹内さんは再審理由書の他に、公判段階でも補充書や上申書をたくさん書き記していますので、これらも参考にせざるをえないかと思います。

竹内さんは一九四九（昭和二四）年八月に逮捕されて以降、一審、二審の裁判までを通じて「否認」

を三回、「単独犯行自白」を三回、「共同犯行自白」を一回していて、全体でその主張を七回も変えています。このうち検察側が起訴した見立ては「共同犯行」説です。そして一審判決は「単独犯行で無期懲役」でした。控訴審の判決は「単独犯行で死刑」で、以後上告審で確定します。竹内さん以外の九人の被告人たちは共産党員ですが、全員無罪で確定しています。

ここで弁護人はどのように関与したかですが、今野儀礼弁護士は、「この事件は共産党への弾圧だから、この際、入党して戦ってほしい。近い将来、共産党の天下です」と竹内さんを説得しています。こうした説得がリアリティを持つ時代背景だったのかもしれません。今野弁護士は判事経験が長かったそうですが、その経験からすると「被告人皆が無罪主張すると、共犯として全員有罪にされる危険がある」「単独犯であると有期刑で一五年、情状酌量されて一二年だ。彼はそんな大事故を起こすつもりはなくて事件の結果に驚いてしまったわけだから、もともとは解雇されたことへの怒り、憤りからだということで一二年。これは命賭けてもいい」と言って、竹内さんに「単独犯行」自白を説得するような働きかけをした。

ちなみに一審の第一回公判は、戦前の陪審員裁判に使われた法廷で行われ、被告人が一〇人に対して弁護人が六〇人も集まってぎっしりの状態でした。六〇人もの大弁護団が結成されはしたものの、六〇人揃っての打ち合わせ会議はどうやら無かったそうです。それぞれ我こそはと思う弁護士がてんでばらばらに弁護を主張していった。弁護団長は布施辰治さんです。正木ひろし弁護士は一審の判決前に突然辞任し、「原判決を至当として争わないが、適応された罰条が誤りだ」と控訴趣意書を書き、「竹内景助さんが無罪を主張するんだったら自分は弁護を降りる」とまで言っています。そうなってくると「共産党員たちが有罪にならないためには、竹内景助さんが単独犯行を主張してくれるとありがたい」と思っていた可能性は否定できないと思います。

控訴審段階で今野弁護士も、「今から無罪主張をするのは無理だ。もし否認して共犯という調書がまた生かされたら無期懲役くらいでは済まなくなる。君は人民政府ができたら英雄になって釈放されるから」という説得もしたと聞いています。竹内さんは取調べ段階で検察官から、「お前やったんだろう、早く吐け、吐け」と言われてきた。さらに弁護人からは、「単独犯の主張をしたら有期刑で出られるんだ」と、様々に説得されていた。そうなると、竹内さんの供述の度重なる変遷の責任は本人自身によるものとは言えず、弁護側の罪は重いなという気がします。

こうした状況の中で、六〇人もいた弁護士の中で唯一、布施弁護士だけは「竹内景助さんは無実だ」と確信し、「無実なのに虚偽の自白をしている心理学的解明こそが大事だ」と、今にしてみれば先見の明を持って見ておられました。ただその一方で自然発車説も信じていて、「竹内はひ弱さから自白している」という主張をしたためか、竹内さんは布施弁護士を当初信頼しておらず、むしろ怒っていた時期もあったようです。

竹内さんは一九五一（昭和二六）年三月に、控訴審で死刑判決を受けたところで、ようやく自分の本当の味方は誰かということに気づき、そこから布施弁護士を信頼するようになります。竹内さんは死刑判決後に、「これまで信用しないで申し訳ない」と謝罪や自己反省とともに「弁護を改めてお願いしたい」と布施弁護士に手紙を出しています。こうした弁護人とのやり取りも、書簡集として残されています。

そして、この時点以降の竹内さんの主張は否認で一貫することになります。しかし残念なことに上告審が始まってしばらくした一九五三（昭和二八）年九月に布施弁護士は亡くなってしまいました。

●竹内氏の自白に基づいた犯行手順

竹内景助さんは取調べ当初の否認段階で、「この日は午後七時頃帰宅して晩御飯を食べた後、新聞と小説を読んでいた」と供述しています。「単独犯行自白」が出てきた段階からは、「新聞と小説を読んでも頭に入らずに、解雇を何とか取り消さそうという思いに至り、そういう気持ちになって妻がトイレに入っていた時に家をこっそりと抜け出した」と述べ始めます。

犯行のための道具としては、小さな鉛筆削り用の海軍ナイフを持っていた。そこで「海軍ナイフを持ち出して列車の下部にある制動管ホースを何箇所も切り刻んでいこうと思ったが、それだと手間がかかるし、目撃されると思ったので、途中からコントローラーをいじろうと考えが変わって、官舎から出て引き込み線が目の前にあるので順番に歩いて行きながら、一番線に停まっていた七両編成が丁度いいと考え、ブレーキも緩みかけていたことを確認して、線路に落ちていた針金を拾った」ということになっています。暗い線路軌道の砂利にたまたま落ちていた針金を拾い上げ、それを折り曲げて鍵穴に差し込んだら犯行に使えるものなのか、犯人だったら確実に起動させることのできる鍵とコントローラーを用いるのではないかという疑問を拭えません。

さらにコントローラーを縛りつけた紐も線路ぎわで拾っています。しかも竹内さんの自白では「麻紐を拾った」と言うのですが、捜査側によるとこれが紙紐だと言うのです。竹内さんは、「最初は縄を拾ったが、使い物にならないと思ってゴミ捨て場に捨てて、それから別に拾った麻紐を使った」と供述しています。その後取調官から紙紐を提示された竹内さんは、「紙では切れる。紙じゃ強度が足りない」と言っていますが、運転席から発見されたのは紙紐だったそうです。竹内さんが想像していた色も少し違うと述べています。

この紐をめぐってもう一つ争点があります。コントローラーを結わえ付けた紐は、ヨットのセーリングなどに使われるコイル巻という特殊な結び方でした。竹内さんは「結び方を再現してみろ」と言われて結んでみたら彼は丸結びしか知らない。自白した上で犯行の再現を求められたのに、実際のやり方と一致しないという点からも、彼の無実性を指摘できるかと思います。

●その後の裁判と再審請求

その後の裁判の行方ですが、一審判決では検察側が描いた共謀の事実は「実態のない空中楼閣だ」と否定され、竹内景助さんの単独犯行で無期懲役とされました。竹内さん以外の九人は全員無罪判決を受けて、支援者と抱き合って喜んでいます。そのかたわらで竹内景助さんは腰縄手錠をつけられ拘置所へと移送されて行きました。二審では死刑判決です。さすがにここで竹内さんは興奮して立ち上がり傍聴席を見回しながら「労働者が居ないじゃないか」と叫びながら拘置所へと連行されたのだそうです。竹内さんの妻・政さんは九つくらい歳上ですが、法廷で突っ伏して「皆さま、ひどい」と泣いていたそうです。

こうして竹内単独犯行による死刑判決が控訴審で宣告され、初めて竹内景助さんは目が覚めたのでしょうか、この時点から完全な否認に転じていきます。残念ながらこの死刑判決は上告審で確定してしまいますが、本人が再審を申し立てて、「再審理由申立書（上）（下）」「上申書（一）（二）」を東京高裁に出していて、これはかなり大部なものです。

その後一九六六（昭和四一）年になって、再審請求を検討していた裁判官が「三者協議の場で再審のための予備調査をします」と言ったところ、検察が「猶予を二カ月ほど与えてください」と抵抗しているうちに、実際の三者協議はないまま竹内景助さんの身に記憶障害、頭痛、嘔吐などの症状が出てきました。後にこの症状は脳腫瘍によるものだったことが明らかになるのですが、拘置所は「拘禁反応である。仮病だ」と診察も治療も一切しませんでした。年末には病状が悪化してきて、竹内さんの最後の言葉は、一二月二九日妻に対して「悔しいよ」と訴えたものだったそうです。年があけて危篤状態の中で見守られながら一月一八日に亡くなりました。

こうして本人による再審請求は終結します。残された妻と五人の遺児が、竹内さんの治療を行わなかったことに対して国家賠償請求を行い、こちらは原告勝訴の判決で、国側も控訴しませんでした。竹内景助さんの再審請求に関しては妻・政さんも支援してきましたが、その政さんも一九八四(昭和五九)年に亡くなりました。五人の子どもたちは「死刑囚の子ども」と言われて、仕事にもなかなか就けなかった。現在、竹内さんの長男が再審請求人になっていますが、彼も高校に進学せずに中卒で運転手をしたり、さまざまな職を転々としてきて、履歴書を書かなくてはならない仕事には就けなかったのだそうです。

二〇〇九年に高見澤昭治弁護士が『無実の死刑囚』を著しています。そしてこの本を子どもたち全員に郵送して、再審請求人として動いてくれないかを打診したところ、四人は弁護人からというだけで封も開けずに受け取ろうとせず、送り返されてきた。

ところが長男だけは送り返してこなかったのでご自宅まで行ったそうです。最初に家に行った時は中に上げてもらえなかったが、二回目の訪問の際に初めて家に上げてもらえて、「脳梗塞の後遺症の妻に会ってください」と言われたそうです。そしてガラッと襖を開けた隣の部屋にはベッドがあって、そこに長男のお連れ合いの方が横たわっていたのですが、目を見開いたままで喋れない状態だった。このお連れ合いの方も救援活動に加わってこられたそうですが、話すことはできない。それでも長男は「聞いたことは分かりますから」と言って妻に事情を説明し、「妻が了解した」とおっしゃったという話を高見澤弁護士から聞きました。こうして竹内さんの長男が請求人となって二〇一一年に第二次再審請求を出しています。現在の弁護団は、高見澤弁護士をはじめとした六人で野嶋真人弁護士が弁護団長を務めています。

昨今の再審請求は、ＤＮＡ鑑定とか科学的技術の進歩による新たな証拠が提出されたことを契機に再審開始決定が出されることが多いですが、同時に今まで検察側が出してこなかった証拠を開示することで再審開始につながることもまた散見されます。そこで弁護団としては、現時点で見込まれる新しい証拠開示をいくつか請求していて、再審請求の中身を充実させようとしているということです。

●事件当日の竹内氏の動き

ここで改めて事件当日の竹内さんの動きを押さえます。当日午後七時に帰宅して晩御飯を食べて、八時頃からは新聞や本を読んでいました。そこに起こったのが停電です。まず九時二四分に、真っ暗になってまた点灯する短い停電が二回、列車の脱線に伴って断続的に起こっています。これまで停電については関係者の供述や公判証言でも指摘されてきましたが、客観的な証拠として時刻も含めて正確に明らかになったのは、「停電図解」という証拠がこの度の再審請求に伴って新規に開示されたことによるものです。

竹内さんは初期の否認供述の中で、この最初の断続的な停電をきっかけに新聞や本を読むのをやめて布団を敷いて子どもたちを寝かしつけて、それからしばらくしてから風呂に出向いたと述べています。官舎を出て歩いてすぐのところにある共同浴場の入り口近くには掲示板があって、竹内さんはそこで何か掲示されていないかを見ようとした時に、二回目の停電が起きました。この時の停電は九時五三分から一〇分弱です。竹内さんは暗い共同浴場にそのまま入り、入浴中に再点灯します。そこで何人かと会話を交わしているようですが、その相手も会話内容も記憶は曖昧なようです。

こうした停電とその前後の竹内さんの行動に関する供述は、アリバイが成立するかどうかに関わる重要な証拠です。最初の断続した短い停電は事故に伴うもので、その時竹内さんは自宅にいて本を読んでいたのならば、アリバイは成立して犯人ではありえません。二回目の停電は復旧工事に伴うものだと聞いていますが、この時点で竹内さんが浴場に居たことについては、単独犯行自白の中では「自分が事件を起こした後に自宅に戻る途中、停電があった。その後浴場前の掲示板を見ている際にも停電があった」と供述しています。その後竹内さんは否認に転じた後に、当日の動きを述べる中で、最初の停電の際に自宅に居て読書をしていたことを忘れてしまったようで、「散歩に出ていた」などと述べているのが厄介なところですが、事件発生時点での竹内さんの行動に関する供述の変遷を細かく詰めていくと、また新しいことも見えてくるかと思います。

●単独犯行説の根拠

結局のところ竹内さんが単独犯行におよんだと認定された根拠は何だったのか。一審判決では、共同犯行としての証拠が不十分だとしています。組合員たちの間では、この際、ストライキに入ろうか、電車をグランドに落とそうかと言い合う雰囲気はあったようですが、具体的な謀議をしたという明確な証拠がない。竹内さんも一時的に共同犯行供述に乗った時があったのですが、その根拠は薄弱です。たとえば、竹内さんと共産党員がすれ違いざまに「今日、九時頃やろう」という会話を交わしたという供述もしているのですが、このような断片的な会話では、犯行手順の打ち合わせもなければ何番線の列車かも指定しておらず、現実に共同犯行などできるわけがない。こうした供述が一審判決でも共同犯行は信用できず、「空中楼閣に過ぎない」と判断された所以かと思います。

また三鷹電車区の細胞会議（＊細胞＝共産党の組織単位の名称）には共産党員以外の人も参加していて、具体的な謀議を行うことができない状況だった。しかも竹内さんはこの会合に加わっていない。実際に犯行におよぶとすれば、大勢で見張りまでつけてやるよりも単独犯がこっそりやるほうが実行できるだろうと推認されています。

しかし共同犯行の証拠がないからと言って、竹内さんが単独で犯行におよんだという根拠もないはずです。但し事件直後の時間帯に、坂本という比較的若くて竹内さんとはほとんど会話したことがない職員による「引き込み線の近くで竹内を見た」という目撃証言があります。暗がりですれ違ったというこの証言も、犯行を直接目撃したわけではありませんから状況証拠に過ぎませんが、本人の自白に加えて目撃者がいたということが、単独犯行の根拠とされています。

なお本件発生時に共産党員だった人たちは近くで会議をしていて、いち早く現場に駆けつけ救命活動をしていましたが、竹内さんは事件後何もしていません。共同浴場に入浴した帰途、区長が「大変な事故が起こった」と走って来るのとすれ違っていますが、彼はそのまま帰宅しています。

解雇通告を受けて、自分自身の生活のことで頭がいっぱいだったのかもしれない。彼は事件の前日に解雇通告を受けています。そこで退職金の額を尋ねると、後から来た人間よりも低かったので「調べてくれ」と交渉しています。そして事件の翌日には退職金の額がアップしたので一一〇〇〇円くらいを受け取り、解雇辞令も受けています。それでも産まれて間もない赤ん坊を含めて五人の子どもがいるので、生活に必死だったようです。事件後もアイスキャンデーや納豆を都心方面で仕入れて来て、それを自転車で売り歩いては日銭を稼いでいました。そうやって日々食いつなぎながら、消防士の採用試験も受けています。試験は日比谷公園であって勤務予定先は立川基地。七月末の合格通知が八月三日に自宅に届いたそうです。けれども竹内さんは八月一日に逮捕されていました。子どもを育てるために必死で働いていた人間が、事件を企てるものだろうかと強く疑問に感じます。彼は事件のことを考えるよりも生活することに必死だったのが実情のように思われます。

事故のことを聞きつけてもそのまま帰宅した竹内さんは、寝ている子どもたちを家に残して政さんと散歩に出かけ、近所の跨線橋に上がって遠目に事故現場を見て初めて大変な事故だったことを知ります。けれども彼は既に解雇されていますし、それ以上駅に近づくことなくアイスキャンデーを四本買って政さんと二本ずつ分けて食べながら歩いたということです。こうした行動は真犯人のものとは思えませんが、取調べ側にとっては犯人によるカモフラージュ行動とみなされました。

子どものために必死になってできる仕事を続け、同時に日々の生活の中で妻と散歩もする。家族を最優先に考えていた竹内さんの平穏な暮らしの一コマのように思えるのですが、いかがでしょうか。もちろん竹内さんもこれまでストライキがあれば協力し、参加もしていますし、列車の車体に文字を書きなぐったこともあったようです。当時の共産党にも組合活動にも比較的シンパシーがあったようですが、最優先にしていたのは家族との生活を守ることであったことは明らかでしょう。

こうした家族を優先する平穏な暮らしの中に、わずか二〇分間の犯行ストーリーを組み込みさえすれば、単独犯行供述を作ることはできます。彼は共産党員に近いところに居て、運転士でもありましたから、「真犯人だったらどのように犯行におよんだだろうか」と想像しながら自分の知識に基づいて犯人に扮して供述することがさほど困難だったとは思われません。したがって虚偽自白に時折見受けられるいわゆる「無知の暴露」供述が見出しにくいのもたしかです。

犯行後に竹内さんが妻と散歩したことについて、一審では「事故の引き起こした結果が予期に反してあまりに大きかったと知るや、茫然自失して現場を離れ、その後も本件に触れることを恐れていた」という形で解釈されました。茫然自失となりながら妻とアイスキャンデーを食べるものなのかと思わざるをえません。

●竹内氏の生い立ちと逮捕後の言動

竹内景助さんは一九二四（大正一〇）年に長野県で生まれ育っています。その後京都の松ヶ崎にあった私立学校に行きますが、一年で中退して東京に移ります。国鉄の運転士に採用され、東京で下宿していた時の大家さんの娘だった政さんと結婚したのが一九四〇（昭和一五）年。子どもは五人いました。東京大空襲で家を焼かれて一時政さんの実家に戻りましたが、間もなく三鷹電車区にある官舎に移ります。その後肋膜炎を患って、治療のために運転士から検査仕様掛に異動しますが、一九四九（昭和二四）年にストライキが始まって、GHQによる中止命令が出されました。この年六月のストライキの際には、竹内さんもほかの組合員らと共に品川へ応援に行っていますが、中心的に活動していた共産党員ではありませんでした。第二次の整理解雇通告を受けて事件当日は団体交渉に加わっています。

八月一日に竹内さんは国警に連行されて留置されるのですが、八月四日には八王子少年刑務所に移送されています。それでも八月八日くらいまでの竹内さんの気持ちとしては、連日アイスキャンデーを売り歩いて疲れていたので、ちょうどいいや、身体を休めておこうという気持ちだったのだそうです。しかし連日の取調べを受け続けているうちに、八月一〇日以降は次第に「なんか違うぞ、自分がこんな目にあうのは本気で考えないとまずいぞ」と思い始めたようです。この間に別の被告人二人が共同犯行を自白しています。そして八月二〇日に竹内さんは、府中刑務所に身柄を移されます。この時に囚人が着る菅笠に藁草履という出で立ちに着替えさせられ、「これで自分は死刑になるのかもしれない」と感じたのだそうで、この日のうちにとうとう自白しています。

その後取調官だけでなく弁護人からも自白を勧められ、単独犯行のみならず共同犯行を自白した時期もあったことは先ほどお話したとおりです。竹内さんが単独犯行を主張していた時は、自分こそが共産党を救う英雄と信じていた時期もあったのかもしれません。逆に「自分はやってない」と主張する際には、公判でも落ち着きを失っていたようです。

堂々と虚偽を語り、不安そうに真実を語るということもありうるのでしょうが、周囲に与える印象としては無実を信じてもらえなかった要因になったのではないかと思われます。

ここまで事件に関する紹介に多くの時間を費やしてしまいました。ここからが私自身の専門分野でもある供述分析の話になります。

●供述分析を行う上の困難

現在供述調書と言えば、司法警察員面前調書や検察官面前調書で(略して員面調書、検面調書と呼ばれていて)、一九九〇年ころにはワープロ横書きで打たれて電子化も容易になりました。しかし三鷹事件の当時の供述調書や公判調書は自筆の縦書きで、毛筆によるものも珍しくありません。こうした記録を複写してそのままPDFファイルにしたものや、手書きのものをタイプライターで打ち直して複写したものなど、資料の形式が統一されていません。中には一部欠落したことが明らかな箇所もあります。

供述分析を行う際には、基本的に取調べ段階、公判段階すべての供述を時系列に沿って網羅的に検討しなくてはなりませんから、最初の手続きとして資料すべてを供述した順に並べ替える作業をします。三鷹事件ではこうした資料を整理する手続きの段階で困難を抱えています。

一般に刑事裁判で無実を争う場合は、検察側が有罪立証を試みるのに対して、弁護側はそれを弾劾します。つまり有罪方向の仮説を弁護側が反論し、裁判官がその真偽を判断するという点で、一側的な仮説を扱うわけです。

それに対して供述分析では、有罪方向と無罪方向の両側的な仮説を立てて、双方のいずれが妥当に説明できるかを検証するという科学的検証の形式を取ります。この中でいずれの供述が体験記憶に基づいているのかを見ていくわけです。

供述調書を扱う法曹三者の人たちの中には、自分たちは供述を読み込んで判断をするプロであって、特に真偽判断を行うのは職業裁判官の専権事項だと考えている人が多いようです。したがって自然科学であれば専門家による鑑定を受け入れたとしても、心理学的な供述分析など必要ないし信用しないという立場の方も居ると聞きます。これは三鷹事件再審請求に限らず、供述分析を行う際には常にぶつかる壁です。

加えて三鷹事件の竹内さんの供述に関しては、検察側が共同犯行で起訴しているのに対し、裁判所の認定は単独犯行で、有罪方向の仮説だけでも二種類あることになります。これに再審弁護団の「竹内さんは無実である」という立場を加えると両側的仮説どころか三種類の仮説を扱う必要があります。ただ検察側の共同犯行説については、竹内さん以外の九人の被告人は無罪で確定していますので、核心は竹内さんが単独犯行に及んだのか否かです。

●竹内供述の分析方針

供述分析では、供述の変遷に着目してその理由の妥当性を検証します。変遷があるということは、たとえばA供述がB供述になったということです。このA供述とB供述のうち、少なくともいずれかは虚偽です。場合によっては両方虚偽の可能性もありますが、両方が真実ということはありえない。どちらかが虚偽という仮説を立てた際に、それではなぜそのような虚偽の供述をしたのかという当人の理由を妥当に説明できるかどうか検証することを嘘分析とも言います。

つまり竹内さんの場合、最初の否認供述が虚偽だったとした場合、彼はなぜ虚偽の否認をしたかと考えると、犯人として有罪判決を受けたくないから嘘をついたのだという説明がつきます。逆にその後の単独犯行自白が虚偽だったという立場から考えると、なぜ彼は虚偽の自白をしたのかは了解されにくい。そこを丁寧に考えなくてはなりません。

一般に嘘とは、嘘をつく本人がそれによって利益を得るものと理解されています。ところが虚偽自白というのは本人が不利益を被るわけですから、「そんなことがあるわけないだろう」となかなか理解されません。ところが取調べの場というのは、無実の人でも否認を貫くことがきわめて困難な場なのですね。嫌疑を受けた状態で否認しても、その言い分は容易には聞き入れられず孤立無援の状態の中で、様々な圧力がかけられます。長期間拘留されて生活を支配される中で、無力感に駆られ、それでも否認していると「罪を反省しない犯人」と見られ続けて苦しくて仕方がない。嘘でも自白する方がよほど楽なのではないかと思ってもおかしくありません。自白して有罪になり、将来刑に服することなどは、目の前の苦しさの中でリアリティを持てないのです。

もう一つ虚偽自白が理解されにくいのは、一般に嘘をついているという疑惑があると、周囲の者はその嘘を暴こうとします。ところが取調べの場で虚偽自白を始めると、取調官は「ようやく本当のことを話し始めたのか」と受け入れて、むしろそれを支えるのですね。

つまり日常の嘘に比べて虚偽自白は、本人が不利益を被ること、取調官によって支えられることの二点が大きく異なり、そのことが一般に理解されにくい、さらに裁判官も理解しようとしないのです。

三鷹事件の取調べで竹内さんが様々に受けていた圧力は、検察官からは「早く犯行を自白しろ」というものでしょう。特に「共同犯行をしたのではないか」という圧力だったと思われます。それに加えて、弁護人からは「共産党のために単独犯行を主張して欲しい」という圧力を受けました。

竹内さん本人は、当初の単独犯行自白から、一時共同犯行を自白し、再び単独犯行や否認に転じながら、その都度どうやったら刑を逃れられるか、軽くできるか、いや共産党を救って英雄になろうかなど様々な思いを抱えていたことでしょう。共同犯行を主張していた時には、「もし自分の生命が絶たれることが確定されれば吉田松陰のような気持ちで死んでいきたい」とか、あるいは「今までの階級主義的に偏った考えを捨てて、人間的によみがえりたい」という上申書を書いています。彼は何度となく死刑を覚悟した時期があったでしょう。「死にたくない、何とかして有期刑に留まりたい、できれば妻のもと、子どものもとに帰っていきたい、そのためにはどうしたらいいか」をその都度必死で考えていった結果、主張が何度も転じていったのではないでしょうか。

こうした経緯の中で、当初の体験性を伴う記憶が混乱していったことは、供述分析をさらに困難にしています。そこで体験性を最も残していると考えられる初期の否認から、最初の単独犯行自白への変わり目を、まずは丁寧に見ていきたいと思います。

●犯人に扮して自白を展開すると…

供述分析で指摘される逆行的構成とは、出来事の結果を踏まえて時間を遡る形でストーリーを組み立てることです。人は過去から現在までは既知ですが、未来の出来事は未知のまま生きています。当たり前のことですが、未来に関しては一瞬先に何が起こるのかは分かりません。ところが虚偽自白では、体験していない行為を犯人に扮して想像で作り上げていくわけです。その際に出来事の顚末を知ってしまった上でストーリーを創作しますから、その時点を生きた人とは異なり、未来の結果を先取りした行為や心情が露呈してしまうことがあります。

竹内さんが単独犯行供述を展開していく中で、逆行的に犯行を組み立てているのはどのような場面かを見ていくことも重要です。そういう観点から、竹内さんが最初に書き留めた単独犯行手順のメモを見ると、次のようになっています。「夕食後、新聞及び雑誌を見、妻が便所？　へか何処かいった時、家を出て電車区構内に入り一番線に一編成有ったので、之を一旦停止の辺に脱線させて入庫車の妨害を計った」。ここで「事実上のストライキに持ち込もう」と、「全国ストに拡がっていけば（自分の）解雇も取り消し、反省するだろう」と書いてあります。これが犯行と「整理解雇に憤りを感じた」という動機ですね。

さらに「上り運転台に入り、曲がった針金でコントローラー把手を動かし付近ごみ捨て場に落ちていた紐（麻紐らしきもの）でしばり付けパン（タグラフ）を上げて降りました。「パン」は紐を引けば自然に付く。飯田さん始め入獄中の者（無実）が自分より先に苦しんで居て引込みがつかない事、犠牲者に対し言い表しようがない」。このあたりは犯行手順とその後の心情を書き連ねた部分ですね。おそらく「自分の子どものことばかり思って被害者に申し訳ないという気持ちは無いのか」と取調官から言われたのか、犯行を自白したところには「被害者も子どもたちのことを考えると申し訳ないと思っています」と書き連ねてあります。

ただ犯行に要する時間がせいぜい二〇分程度だった。運転台から自宅まで五、六分で帰れる。どの道筋を通ったのかについては供述が変わっています。「息せき切って帰ってきた」という日もあれば「グランドからぐるっと回って帰ってきた」日もありますが、そこで誰かから目撃されたことは当初言及していません。

その後「単独犯行自白」は、より詳しくなります。「(運転室内は)薄明るい状態でパンタグラフを手さぐりで摑んだ」とか「制動管圧力計のゲージが零になっていたのが見えたためにパンタグラフを上げてもすぐに電車が動き出すことはなく、三、四分後に発車すると考えた。三ノッチの位置まででおいたハンドルが二ノッチに戻った」とか。これは「運転室の電気がついていないのに、暗がりの中で犯行におよぶことが実際にできたのか?」という取調官の疑問に答えるものだった可能性があります。

また、仲間が仕事詰め所において冗談半分に「電車をグランドに落としてしまおうか」と言った際に、「自分も俺一人だけで事実上のストライキ状態を起こしてしまおうと言ったことがある」といった供述も、取調官が組合の仲間内でどのような会話があったのかを詳しく尋ねて、それが後の「共同犯行自白」の伏線となっていったように思われます。

●単独犯行供述に見られる特徴

ただ一貫しているのは、その日の晩に入浴したことと、その前後に停電があったことです。竹内さんは自白に及んだ際に、事件の起こった前後に入浴したことや停電があったことは記憶していたので、「犯行におよぶとすれば、入浴する前にしなければいけない」と、実際の出来事の中に犯行可能な行為を組み込んでいったのでしょう。

最近再審開始決定が確定し、近々無罪が確定する見込みの東住吉事件（二〇一六年八月一〇日無罪判決）でも、被告人だったBさんは当日の行為の中に「犯人としての行為」を組み込んで行きましたし、当初被災者として述べていた行為も、改めて犯人としてのカモフラージュとして供述し直しています。

Bさんの場合も日常過ごしていた自宅での火災でしたから、どこに何があったかは周知していて「無知の暴露」供述はほとんど見られず、犯行ストーリーを立ち上げることの困難はさほどありません。ただBさんの供述を丁寧に見ていくと、いかにも計画的な犯行を供述しているのに、やがて計画的行為として説明できない箇所がいくつも出てきてしまうのです。それについてBさんは、「あれこれ考えたが、最後はやるしかないと考えた」と犯人としての立場から供述しています。つまり「計画的な犯行」と「思いつきの犯行」がパッチワークのように混在してしまうのですね。

竹内さんの場合、「車止めで停止させるつもりでコントローラーを縛り付け、三ノッチが二ノッチに戻った状態で発進した」というのも新聞記事を参考に作っていったと考えられます。しかしコントローラーを紐で結わえ付けてパンタグラフを上げた結果、首尾よく発車し始めたとしても、車止めのところでうまい具合に停車させる方法ではなく、結果的に暴走して大事故を引き起こしてしまった。

このあたりは衝動的で思い付きの犯行として描かなくてはならないでしょう。しかし車止めのところで停める程度に抑えたかったら、紐をコントローラーに固く結びつけたりするでしょうか。あるいはそもそも暗い線路に落ちていてたまたま拾った針金と紐を使おうと思うものなのでしょうか。

また彼が犯人であるとすれば、事件を起こした後にその結果については無関心でいられるはずがありません。しかし彼は自宅に戻る際に後ろを振り返ることもありません。そしてカモフラージュのために入浴していた。「大変な事故が起こった」と区長が走って行っても無関心なまま入浴し、停電が起こったことも事故と結びつけて考えたふしがまったく無いのです。さらに再度帰宅後に妻と散歩に出かけ、駅前には近づかずにアイスキャンディーを食べながら帰って行く。衝動的で無計画な犯行におよんだ人物が、犯行後には突然「素晴らしい演技力」で無関心を装い通したことになります。

●日本国憲法下での刑事手続き

最後に、戦後まもない冤罪が疑われる事件の一つである福岡事件についても触れておきます。この事件は、一九四七（昭和二二）年に軍服の取引をめぐってブローカー同士の争いの中で起こった殺人事件ですが、直接殺人に関与していなかった人も含めた仲間たちの計画的な強盗殺人とされて、主犯格とされた二人は死刑判決を受けています。「叫びたし、寒満月の割れるほど」と獄中で詠んで死刑にされた方の事件と言えば、ご存知の方もいらっしゃるかと思います。

福岡事件は、主犯格のうち一人が後に恩赦によって無期懲役となり、もう一方の主犯格とされた方が死刑を執行されたのですが、死刑執行後の再審請求を行った稀有なケースです。

福岡事件の取調べでは凄惨な拷問があったといいます。逆さ吊りにされて水を張ったバケツの中に頭を突っ込まれた。その様子を共犯者たちに見せて「お前も吐かないと、ああなるぞ」と。しかし死刑を執行された主犯格とされた人物は、決して自白しなかった。

この福岡事件のあった一九四七（昭和二二）年は、日本国憲法が施行された年です。そして明治時代に施行された旧刑事訴訟法から新刑事訴訟法に制定されたのが一九四八（昭和二三）年で、施行されたのが一九四九（昭和二四）年一月一日。福岡事件は旧刑訴法下に起きた事件ですが、三鷹事件は新刑訴法に変わって間もない事件です。福岡事件で見られたような取調べにおける激しい拷問は、三鷹事件では無かったようです。しかし検察官が厳しく責め立て、また弁護人が冤罪につながるような弁護活動をしてしまったということかと思います。どうもありがとうございました。

〈質疑応答〉

質問　実際のところなぜ電車が動きだしたのか、この事件の真相は何なのでしょうか。松川事件や下山事件のように一連の共通の狙いのもとで起こされた事件というとらえ方、先入観を、今まで持っていましたが、三鷹事件の竹内景助氏が、あたかも共産党を救うための生贄にされたような雰囲気がありますよね。そうすると松川事件、下山事件の構図とは大分違っているなということですが、そのあたりはどうなのか。知りたいのは、単独犯行であれ、共犯であれ、その電車がなぜ動いたのか、そこが分からない。

脇中　もちろん私も事件の真相は分かりません。「法曹で弁護活動をする時には有罪証拠を弾劾するのであって、無罪を立証する必要はない」という立場からは、真相がどうであったのかを説明する必要はないのですが、再審弁護人の一人はこう言っていました。ある目撃者が、「客室の電気は皓々とついていて、そこに鉄道の係員の制服を着た人間が列車内を走って行って、加速がかかる前に飛び下りるのを見た」という。そしてパンタグラフが二つ上がっていたことは複数の人間が関与していたと思われる。そこで「一両目と二両目と最後尾の最低三人が何らかの形で動かしたのではないか」と見立てているとのことでした。竹内さんは、先頭車両でコントローラーを動かしたといっていましたが、最後尾でも動かしていたのではないか。最後尾の前照灯がついた状態で突っ込んでいたことから、そのような説を立てていると聞きました。それ以上の根拠はわからないのですが。

司会　最後尾というのはバックする?

脇中　最後尾で操作した人間から言えば、バックしたということですね。

司会　それで六〇キロに達していた。

脇中　引き込み線から駅構内までの六〇〇メートルの間で、最後は時速六〇キロに達していたということです。物理学者で東大名誉教授の曽根教授が「パンタグラフが二つ上がっている場合は一人で動かせない」と主張されているそうです。しかし検察側の主張は「発車時点でパンタグラフは一個しか上がっていなかったのが、衝突の衝撃で二つとも上がったのではないか」とのことです。ただ曽根教授はパンタグラフの傷からそれは無いだろうと争っています。

また最後尾のハンドブレーキに相当する手振れ機が外れていたそうですが、誰がやったのかという問題もあります。検察官の主張では「止める時には本来ハンドブレーキをかけないといけないけれど、三鷹駅構内は水平だから、中にはかけない人もいた」という主張だそうです。

質問　「単独犯行」とか「共同犯行」とか供述が変遷する。冤罪事件の場合だったら捜査側のストーリーで行き詰まると捜査側が方針を切り換えたことが反映されて、供述の内容が変わることがあるのですが、三鷹事件の場合、捜査側は何を考えていたんでしょうね。

脇中　背景にある政治的状況も含めると私には難しい質問で、コメントできる立場でもないのですが。

質問　どっちでも良かったんですか。そんなことはないでしょう。本当は共産党を中心にした「共同謀議」にしたかったはずですよね。だけど、そうはなっていない。共産党員ではない竹内景助氏が有罪になる。当初言われていたストーリーとはまったく違う判決になっていますが、このへんが分かりにくい。どうなんでしょう。

脇中　検察側が「共産党が共謀して組織的な犯行におよんだ」と見立てたのに、判決は竹内単独犯行とみなした。裁判官がＧＨＱからピストルを突きつけられたという話を聞いたこともありますし、ＧＨＱを含めた政治的圧力があった可能性を私も感じます。

それでも判決は、竹内さんのみの、どちらかというと無計画な犯行で確定しました。ただ一審で無期懲役だったのが、控訴審で死刑になった理由として、一審判決で「共同謀議など実態のない空中楼閣」とみなされたこと。それに対する検察の怒り、プライド、メンツを潰された反動こそが死刑判決に繋がったのではないかと聞いたことがあります。

一方の竹内さんは何を考えて、その都度供述していたのか。ご本人の手による再審理由書では、単独犯行を自白した際には「自分が犠牲になって共産党を救うのだという思いがあった」という趣旨の記述がありますし、供述調書の中にも「吉田松陰のような心境です」いう表現すらあります。そして共同犯行を自白した自分に対しては、人を貶めてしまった後悔が出てくる。そういう背景、心情を拾って、供述の中に「なぜ前回は嘘をついたのか、今はどんな気持ちで供述しているのか」を分析し、その真偽、信憑性を検討できたらいいなと思っています。その都度「何を考えていたのか」供述の動機を読み込んでいくのは確かに大変ですけれども。

それ以上のGHQを含んだ謀略については、弁護団としては今回は触れずに、竹内さんの自白供述に沿った犯行が成立するかどうかに焦点を当てて、その矛盾点を突いて再審開始決定を勝ち取ろうと目指しているそうです。

竹内さんは、獄中から子どもたち一人一ひとりに詩を綴りました。竹内さんは本当に子どもたちを大事に思っていて、これで政治的な動機で犯行におよんだのか疑問に感じます。おそらく子どもたちとこのような生活を送りたかったというのが、詩の中にそのまま出ているように思います。

司会　再審請求をされている高見澤先生は今後、この事件をどういう見通しでやっていかれますか？

脇中　この再審請求については、現在東京高裁第四刑事部に係属していて、三カ月に一度のペースで三者協議が重ねられています。実は狭山事件の再審請求も同じ東京高裁第四刑事部に係属しているのだそうで、いずれも証拠開示をめぐって三者協議が続けられています。三鷹事件では、運転台で検出された指紋が誰のものだったのか、明かされていない。そこで弁護団としては新証拠を開示させようと努めており、新たに開示された証拠をもとに専門家の鑑定を行い、できれば証人尋問に持ち込む意向だと聞いています。

司会　竹内景助氏の行動を見ていたら誰が見ても「やっていない」と思わざるをえないのですが、当時のいろんな状況から権力からの圧力で平和な家族がこうなっているのは、やりきれないという思いがします。ぜひ真実が明らかになればと思います。今日は暑い中、奇しくも三鷹事件が起きた当日にお話をいただきましてありがとうございました。

（花園大学人権教育研究会第96回例会・二〇一六年七月十五日）

沖縄の神話・伝説

――本土からの南下と環太平洋からの影響

丸山顕徳

●はじめに

日本文学科の丸山です。実は私、今年度で退職ですのでここで講演させていただくのはこれで終わりだと思います。私、沖縄に最初に行きましたのが一九七三（昭和四八）年です。それ以来、今年三月で一三一回ということで、大阪、神戸、京都を歩くより沖縄の方が目をつぶっても歩ける。はじめは、二、三回行ったら終わりだろうと思って行き始めたのですが、どういうわけか長く行くようになりまして、おかげさまで私の研究人生の半分は沖縄ということになります。あと半分は日本の古典文学、民俗学という人生を送ってきまして今年度で四八年の教歴を終えることになりました。どうして沖縄なのか。私の学生時代に指導いただいた遠藤庄治先生が沖縄国際大学へ赴任されまして、二年ほど太公望をやっておられたのですが、一九七三（昭和四八）年八月一日に沖縄の民話調査の結成式を行いまして、それ以来、沖縄のほとんど全域の調査をされました。そして先生は数年前に七二歳で亡くなられたのですが、七万五千話を採集されました。恐らく世界最多だと思います。これ以上集めた民話の調査者はいないと思います。もちろん、一人ではありません。沖縄国際大学の学生、卒業生、現地の民話の会によるものです。それを地域の自治体などから出版し、比較的安価な本を出しました。もうすばらしく魅力的で、学術的にも重要な民話集がたくさん出ています。今、この仕事を継続しています。NPO法人沖縄伝承話資料センターです。

この講演でお話しできるのは、七万五千話のなかからほんの数話です。先生には「死ぬまでフィールドワークを止めるな」と言われていたのですが、この先生は福島県伊達郡梁川町の生まれで立命館大学大学院を卒業した後、京都の高校の先生をし、沖縄国際大学の先生として向こうに赴任されました。ご自宅は養子先の滋賀県野州、それからご家族一同沖縄に行かれて沖縄で業績を上げてこられたということなのです。先生が行かれるまでは沖縄に民話とか神話とかがあまり伝承されていないと思われていたんですね。時々、沖縄の先生のところに電話しても留守が多く、「どこに行かれましたか？」「池間島に行きました」、「どこ、行きましたか？」「どこそこへ行きました」とほとんど家におられない。何十年も沖縄国際大学の先生をしながら家族で晩御飯を食べたのは一回だけで、昼は昼でアンパンと牛乳で生活されたという凄まじい人生を送られ、とうとう七二歳で亡くなられてしまったのです。もちろん教育実践、学務もなさいました。日本本土であってもこれまでの民話収集の総計は七万話ほどしか集まっていないと聞いていますが、遠藤先生は人生の半分をついやして、沖縄県の民話、神話、伝説を七万五千話集められたというわけです。

『遠藤庄治著作集第一巻』「沖縄の民話研究編」を何年か前に出しました。私が序論を書きましたが、なかなか先生の後を追っかけるのは大変です。沖縄には、そういう民話、神話、伝説があるということをぜひ知っておいていただきたい。ある時、ネットを見ていたら沖縄出身の人で東京在住の方だと思いますが、「沖縄に民話とか伝説とかあるんやろうか」と言って出てきましたので、我々の仕事の普及度が不足していると感じました。「おい、何、言ってる」と。これだけの民話を集めているのは恐らく世界で最大。これだけは認識いただきたいと思います。

●日本文化の古層を伝える沖縄の「伝承話」

それらをベースに沖縄に伝承された話をひっくるめて遠藤先生は「伝承話」と呼んでいますが、その研究の意義はどこにあるのか。日本の古典を研究している立場からいいますと、日本の上代の文学、神話、伝説など、上代の文学の古層を沖縄は今も伝えているという点にあります。沖縄を勉強すると日本の古い時代のことがわかるというわけです。そこがまず我々研究者にとって一番の魅力的なところです。それから沖縄の民話というのは中東から東南アジアへ来て南太平洋を通ってから沖縄まで来ている。また、日本本土からだんだんだんだんだん南下していることもわかります。一部中国大陸からも流れ込んでいるということもあります。

私は、朝日新聞の京都と芦屋、毎日新聞の西梅田、神戸女子大学三宮のカルチャーセンターで授業をやっているのですが、沖縄といったら日本の一つの地域にすぎないと思っている人が多いのですね。京都の亀岡ですとか、それぐらいのところやと思っているんです。本当は違うんです。沖縄っていうのは「世界の中の沖縄」と再認識してもらわないと沖縄県の伝承話は捉えられない。世界の文化を採り入れている。それが沖縄県の伝承話だという捉え方を私はしています。

しかし、沖縄の伝承文化は何かというと、実は「日本文化の古層」なんです。そこが一番大事なところ。中国とも韓国とも台湾とも違う。日本文化の古層が流れている。日本＝沖縄。「沖縄って日本？」って聞く人が偶にいます。日本の一番古いところを伝承していることを意外に知らない人がいます。沖縄の人でも知らない。しかし、そこのところを伝えているんです。沖縄にいろんな文化が入ってきていますのでわかりにくくなっているのですが、丁寧に見ていくと沖縄から、日本の古層がわかっていきます。

たとえば『古事記』『日本書紀』のイザナミ、イザナギの話はご存じでしょうか。あれは沖縄のあるところに行くと、今も伝わっているんですよね。イザナギとイザナミの男女二神が柱の周りを別々の方に歩くでしょ。この話が今も伝わっているんです。私が見つけただけでも四カ所あるんです。

どうして回るのかというのは、そこでその民話を、神話を丹念に見ていくと理由がわかるんですよね。難しい理屈を考えなくても、そのものがわかる。理論的に考える必要は何もない。そこが沖縄の魅力ですよね。

それに、異郷観と死後世界の観念が、古代日本と同じです。我々古代学をやっている人間にとってそこが魅力でもある。神話を研究するなら沖縄ですよ。もう私、沖縄へ一三〇回ほど行っているんですがね。暇があれば沖縄に行く。行けるのは研究費としてお金を出していただける花園大学のおかげなんです。ここの大学に奉職していなかったら、経済的にも時間的にもこれほど私は沖縄に行けていないと思って、非常にこの大学に感謝しているんです。

沖縄に行く時は三泊四日、三五〇〇〇円くらいで行ってきます。安いでしょ。我々の仲間は沖縄へ二泊三日、八万円で行ったというんですよ。科研の中心になっている人が、そんな大名旅行したらアカンというんです。飛行機で那覇まで往復二万円、一泊一食付で五〇〇〇円で、三泊四日で予算三五〇〇〇円。安いですよね。こういう形で行かないと一三〇回は行けないんですよね。このようなやり方で長く行ってまいりました。もちろん沖縄に友人がいないと無理ですが。

さて今日の課題。最初に「沖縄は日本の古層である」。言語的にも古層なんですよ。皆さんね、日本語の「はひふへほ」、これ国語学の人はみな知っているんですが、「はひふへほ」は室町時代は「ふぁ、ふぃ、ふ、ふぇ、ふぉ」と発音していました。奈良時代は「ぱぴぷぺぽ」と発音していたんですよね。これは国語学をやっている人は誰でも知っている。沖縄でも離島にいくと、今も「ぱぴぷぺぽ」と発音するんですよね。「鉄砲の先から火が飛ぶ」というのも、「ぽーの先からぴーが飛ぶ」と言うんですね。沖縄に行って最初に教えてもらったのはそのことです。宮古や八重山の離島に行くと、みなそうですよ。「ぽーの先からぴーが飛ぶ」。日本の古い発音が残っているということですよ。それを採り上げただけでもわかるということであります。

それから次は「竜宮信仰」、海への信仰です。海の彼方に神の世界があると思っているんです。海の彼方に神はいるんですが、それを「ニライカナイ」あるいは宮古や本島北部の安田《あだ》などでは「竜宮」って呼んでいるんです。日本の室町時代の竜宮の話をみると竜がいないんです。竜宮なのに竜がいない。ところが沖縄に行きましたら竜宮に竜がいるんですね。優しい竜と怖い竜が二ついるんです。日本本土の知識を媒介にして竜宮の話が伝えられてきています。「浦島太郎」の話が伝えられていますが、近世からの御伽話はどうなのかというと、怖い竜の方はいなくなって優しいステキな方の竜です。怖い竜が消えてしまっている。沖縄を見ると怖い竜もいる。優しい竜もいる。そういうこともわかってくるんです。そこが沖縄と本土の違いです。

ちょっとこの竜宮の話は本筋から離れますが、一般的な話では竜宮への道は目をつぶって舟で竜宮に行きます。ところが沖縄では、海がポーンと二つに割れて、浦島太郎が歩いて竜宮に行くという話もあるんですよ。「十戒」と同じなんです。これはどういう経験からくるかと言いますと、石垣島から海の中にある竹富島の横を通って、それから西表島まで一三年に一回海の底が現れるんだそうです。一三年に一回海の底の陸のところがずっと上がってくる。つまり大潮みたいにずっと海の潮が引いていくんですよ。これは聞いた話です。私は見たことないいんですけれども、私の師匠の遠藤先生は「あれはこういうふうになるんだよ、海の底まで歩いて行けるというのはそういうことなんだなあ」とおっしゃっていました。我々の経験とは海の生活がちょっと違うんですね。

それから日本本土では星の民話はそれ程多くないんです。古代においては記紀神話に星の神話伝説がほとんどない。ところが八重山諸島にいくと「すばる」の話が出てくるんですよ。『風土記』の竜宮説話には「すばる」が出てきます。『丹後国風土記』の浦島太郎に「すばる」が子供の姿で出てくる。そこは海の底です。日本の研究者は「それは空のすばるが海の底に映るからだろう」と解釈していますが、島の生活は少々違う。離島にいくと「すばる」は農業耕作の生活の中に生きているんです。例えば、「すばるを目標にして稲の播種を行いなさい」と言います。石垣には、星の入った「天気見様之事」という農事暦があります。沖縄の文化は星の文化にしても太陽の文化にしても、いろんな実際の生活の中で生きているんです。そういうことが沖縄のフィールドワークの中で経験としてわかってくるんですよね。

沖縄に行きますと海と空とがつながっているんです。宮古の城辺町《ぐすくべ》に行きました。そこでツカサ（つまりノロさんですが）のおばあさんに「竜宮に行くの、どう行ったらいいですか？」と聞きましたら、「ここの井戸をずーっと底に行くと上から下りてくるんだよ」というんです。皆さま、聞いたことありますか？「ずーっと上から下りてくるんだよ」というんですよ。つまり上と下とがつながっている。円環的につながっているということですよ。それを聞いた時、私はショック受けましたよ。

我々でも地球をまっすぐ向こうむいてブワーッといったら後ろから来るって皆さん習ったでしょ。だから下へ行けば、上から下りてくるんですよね。つまり円環的なんです。宇宙が円環的であるということです。具体的な民話にも、海の底に行った人が、海の底で雷の娘に会って、蟻に変身して地上に帰ってくるという話を、国頭《くにがみ》の東村《ひがしそん》で採集したことがあります。雷は天界が住処ですから。

それから四季ですが、春・夏・秋・冬から、さらに春と一周して戻るでしょ。これも円環的なんです。つまり空間も円環的だし、時間も円環的、それから人間の一生も円環的です。人間の一生が円環的というのはどういうことかというと、子どもが生まれて大人になって、じいさんばあさんになって、その後どうなるかというと、神さまになるんです。そして子供に戻って生まれてくる。霊魂の循環ですね。

もうこの儀礼をやっている人は少なくなったんですが、沖縄では八十八歳の八月七日の夜、米寿のお祝いの前の晩、布団を敷いて年寄りに経帷子を着せて、家族みんなそこで集まって泣くんです。泣くんですよ。翌日八十八歳、八月八日でしょ。その時に、赤いチャンチャンコを着せてお祝いするんです。お米を計る枡ってみなさんご存知でしょうか。今はあまり使いませんけども、枡にお米をいっぱい入れて、斗かき棒を上に立てるんです。そして長寿を祝う。沖縄の人たちは何でするのか、わからなかったんですね。これは老人が嫌がってました。だから今は、やっていないように思います。実は、これは長寿で老人が神様になった祝いです。長寿をもたらしたのは北斗七星と南斗六星のお陰です。枡は、斗星のシンボルです。一斗枡の「斗」、その斗星に感謝をする。米は寿命です。

本土では奈良県の例ですが、半紙の半分に四角の枡で四角を描く。そして後の半分に八十八歳になった老人の手形を押して「○○さん八十八歳のお祝い」って書いたものを玄関に張ってあるんです。御覧になった方もあるかもしれません。奈良県内で時々それを見ることがあるんです。それは八十八歳の老人が神さまに生まれ変わった、そういう人のお祝いで、その印を玄関に張っておいて厄払いをやっているのです。

だから人間は、どなたも最後は神さまになるんです。日本本土でも人間は生まれて最後に亡くなって、そして霊魂が昇華して死者霊、祖霊となっていく。そして三三回忌が終われば、神仏になる。これを「霊魂昇華」といいます。民俗学では「祖霊信仰」と呼びますが、霊ではなく、みなさん神さまになっていく。日本という国はそういう国なんですよね。

生まれ変わってくる時、子どもはおじいさん、おばあさんの子どもの時の名前をつける。「童名」というんです。沖縄で「わらび名」、わらべの名前、小さい時の名前。子ども用のおじいさん、おばあさんの名前をつける。名前を付けるということは、ご先祖さま、あるいはおじいさん、おばあさんの名前をつけることで魂が継承されるということですよね。沖縄ではそういうことをやる。本土でも昔はあったはずです。だから人生も循環しているんですね。

霊魂も循環している。自然も循環している。宇宙も循環している。非常に楽天的です。人生は絶壁で「これでおしまい」という人生ではないということですね。沖縄の人たちは楽天的だし、日本人本土の人間もみんな楽天的であるということは、おそらくそういうところから来ているんだろうと思います。中国の道教は、残念ながら違うのですね。道教寺院には、怖い鬼が沢山いますし、人間の現世のことを調べている官僚がおり、帳簿と算盤をもっています。

●「土から生まれた人間」

中東から影響を受けたと思われる話もあります。もともとは旧約聖書から来たようですが、「土から生まれた人間」の話です。それは、九七歳のお祝いの話として伝承されている、カジマヤーです。この話は現在、沖縄県の読谷、名護、このあたりで聞くことができます。

ある人間が土で人形をつくった。そして息を吹きかけ魂を入れようと思ったら、翌日その人形が潰されておった。二日目も作ったら、また潰されておった。三日目に誰がこんなひどいことをするのかと思って見ていたら、土の神さまがやってきて「お前、こんなもん、勝手につくるな。私は、お前に許可してないやないか」「いや、せっかく人間をつくったから許してくれんか」「じゃ、一〇〇年は許可してあげよう」という話になり、これはつまり「一〇〇年たったら壊せよ」ということだったんですね。ところが九七年目にその土の神さまがやってきて「おい、一〇〇年たったから、もう壊すぞ」と言ったから「ヘッ、まだ九七年じゃないですか」「そんなことはない。うるう年があるから、もうすでに一〇〇年たっている」という話です。

これでは具合悪いなということで、九七歳になる間際の人に風車・カザグルマを持たせてお祝いをする。「まだこの人生まれたばかりだから」と神さまを騙す。このように、沖縄県では風車を持たせて「まだ一歳だから大丈夫だ」ということで、九七歳のお祝いをやるということであります。日本的発想では神さまは土から生まれない。世界各地に伝承されていたと思われ、日本では奄美にもあるようですが、恐らくもとは、旧約聖書じゃないかと思うんです。向こうから流れ着いた話を沖縄の誰かがつくり直して伝承したのではないかと想像するのです。カザグルマの祝い、「カジマヤーのお祝い」っていうんです。

●「ンナグスクの島建て」

その次の事例。「ンナグスクの島建《だ》て」です。これはどういうことかというと、沖縄県では一七七一(明和八年)、江戸時代の中頃に大津波が起こったんです。特に石垣島のある八重山諸島です。石垣島では八つの村が壊滅してしまったんです。それに、宮古諸島です。私はそれで論文を書いたことがあるんです。なぜ論文を書いたかというと、五年前に東北大震災がありましたね。あれで「未曾有の大津波だ」「ひどい目に遭った」それは間違いないんですが、「ちょっと忘れんといてや」と思いまして。明和八年に沖縄県は大変な大津波が起こっている。「そのことをちゃんと記録に留めてあるんだから本土のジャーナリストもちゃんと知ってぇな」。そんなん本土ばっかり騒がずに沖縄県にこんな大震災があったんだということで、これはハッキリ伝えない、いわないのも責任があるので論文を書いてみんなに知ってもらおうと思って、それで私は論文に書いたわけです。もちろん、沖縄県の学者は、立派な本を書いておられるのですが。

そういう辛いところを沖縄の人たちは乗り越えてきているんですね。今も宮古島ではその時のことを忘れないために、津波がやってきた海抜八〇メートルのラインのところで、毎年津波がやってきた日に杭をずっと一本ずつ刺していくんです。宮古の島尻の人々の行事です。そういう大津波を忘れないために行事をやっているんです。今もやっているんですよ。その津波伝説で一つ面白い、興味深い話がある。

それは津波の時に起こったその前後の話として伝えられているのです。昔々、多良間島に鳥の言葉を聞ける、おじいさんがおりました。そのおじいさんは、鳥の声で「近いうちに津波がやってくるからその対策を立てなくてはいけない」と聞いて準備するわけです。鳥が教えてくれた日に準備をした。それで予告通り、津波がありまして、みんなは家が流されてしまうんですが、このおじいさんとその仲間は助かるわけです。そして鳥の言った方向にずっと行って村建て、島建てをしたという話なんですが、これも旧約聖書からの影響ではないかという印象です。直接かどうか、それははっきりしませんが、どうも似ているんじゃないですか。こういう話は沖縄の漁民、海で生活している人が東南アジアとか、どこかでこの話を聞いてきて、こういう話をつくったんだろうと思います。ついでですが、中部の読谷には、イヴが食べたリンゴが、ここでは柿を食べた話になったりしているのですね。

ただ、人間の始まりにしても津波の話にしても、注意したいのは、原因の説明が西洋的ではありません。普通、キリスト教では「人間は罪を犯すものだから、その結果、こうなった」となるんですが、そこは沖縄の場合、西洋的ではありません。海で釣ってきた人魚を、島の人が刺身にして食べようとした。すると、その人魚、ヨナイタマというのですが、これが「助けてくれ」と津波を呼ぶ。これが沖縄県の宮古の話の特徴ですね。日本でも「罪悪」というのはあまり表に出てきませんけども、自然災害という形で出てくる。自然の猛威というところで出てくるので、そのへんはちょっとキリスト教とは違うなと思います。

●「孫の乳」

さて次の「孫の乳」という話であります。この話は、儒教的ですが、もしかするとキリスト教の影響かもしれませんが、私にはわからないんです。なんでこういう話ができるかわからない。どういう話かというと三人兄弟がいて、長男、次男、三男それぞれにその子どもを犠牲にして親に奥さんの乳を飲ませろという。もう老人で死にそうになっているから子どもを殺してもいいから、そのお乳を弱っているおじいさんにあげてくれと、そういう話をするわけです。そしたら長男は嫌、次男も嫌、三男はオッケーというわけです。子どもより親が大事だといって、やや儒教的なんですけども、子どもより親が大事という。ある時に「じゃ、その三男の子どもを、ある木の根っこに埋めよ」というわけです。「掘り返しなさい」という。それで埋めるつもりで木の根っこを掘り返したら、そこから黄金が出てくるわけです。そういう話です。これはどうですかね。「アブラハムとイサク」に似ていませんかね。この話の出典は私にはわかりませんけども、そういう話も沖縄にあるということですね。

沖縄には「てぃんさぐぬの花」という有名な歌がありますね。「てぃんさぐぬ花や　爪先《ちみさち》に染《す》みてぃ」という歌。ホウセンカの花、てぃんさぐぬの花、ホウセンカの花を指の爪につけてそして巻くでしょ。マニキュアになるんですね。「てぃんさぐの花は爪に染みる」「親のいうことは肝に染みる」とあるんですね。「夜行く船は星（北極星）を目当てに航行する。親は子どもを目当てに人生を生きる」。そういう歌があるんですね。こういう思想があるから、こういう歌が伝えられるんですね。子どもの時からこういう歌を教えられ、話を教えられていく。だから沖縄の人たちは日々、こういう歌を学ぶことによって温かい人間関係ができていくんですよね。知らないうちに、そういう話を子どもの時に学んでいくわけです。我々は、子どもにそういう話を教えていないなとちょっと実感するところです。

●「竜退治」

次に「竜退治」という話があります。竜は皆さんご存知のようにヤマタノオロチですね。『古事記』

や『日本書紀』には頭の八つある竜を退治する話が出てきます。私は『世界の竜の話』を出版しているんですが、外国はほとんど七つの頭なんです。アジア、特に韓国と日本は八つ頭です。面白いでしょ。ところが沖縄は七つ頭と八つ頭と両方出てくるんです。別々に出てくる。なぜか。それは、ユーラシアから流れてきた七つ頭と日本本土から流れ込んだ八つ頭の竜の話、それが沖縄で融合していることがわかるんですね。伝承者によって二通りの伝承がある。

津堅島の「マータンコー」というのは竜退治のお祭りなんです。これももうちょっとあとで説明しなくてはならないんですが、ちょっと先取りして説明すると、日本列島は北の果て北海道から南西諸島の沖縄の果てまでずっとあるわけですけども、現在、実際に竜退治の神話が儀礼として行われているのは、このマータンコーだけです。沖縄県の中部の太平洋側に与勝諸島というところがあり、そこに津堅という島があるんです。ここで儀礼として行われているのが唯一です。竜退治の祭り、竜を退治する儀礼が行われているんです。

我々が初めてここに行ったのは一九七三（昭和四八）年の八月五日か六日頃です。この津堅島に竜退治の話があるんです。私はびっくりしましたね。最初は「古事記見て、話しているんだよ」と相手にしなかった。それから一〇年たってもういっぺん調査してみようと思って行ったら、違うんですよ。これは実際に儀礼として行われている。しかも古い時代から続く秘密の祭なんです。元は、よそから人を入れない、そんな祭がこの島で行われていたんです。

この祭の期間一カ月間は外から人をいれない。中の人も外に出て行かない。昔は、食事の魚はこの期間、干物を食べていたんです。どうして外から人を入れないかといいますと、神祭の時にややこしい者が入ってくると神さまが怒るからです。神を怒らせないために島を閉鎖して外から入ってこないようにするんですね。

沖縄諸島で、私が見た一番恐ろしい祭がどんな祭かというと、八重山諸島に伝わっている「アカマタクロマタ」という祭です。これは折口信夫も柳田国男も見たことないんです。私が何人かでとなりの黒島という島で民話の調査をしていたときに、「見せてあげる」って言われました。ただし条件がある。どんな条件かというと「見たことは誰にもいわない、論文にも書かない」「持っていくものは何もなし、手ぶらで来なさい」「質問もダメ、いわれたこと以外の行動した場合は命の保障はできない」。これだけいわれているんですよ。その仲間は沖縄国際大学の学生さん、その友だちの友だちが我々を連れていってくれたわけです。

「さばに」という丸木舟で、潮をかぶりながら隣の小浜島に行った。そしたらダンプカーに乗せてもらって神さまが出現する近くの広場に集合する。そこには、若者が棒を持って見学する人を監視しているんですよ。祭に参加できない子どもたちも参加してそこにいるんですが、ちょろっと出たらお兄さんが棒で叩くんです。バーンって。私はその時、「殺されるわ」、と恐ろしかった。その祭の詳細は言いません。「はい、みなさん、大体わかったでしょ。もうダンプカーに乗って船着き場に行きなさい」。

「アカマタクロマタ」は神さまなんですよ。家々を祝福して回るんですね。祝詞をいって回る。その時に「もう祭は終わった」と思って友だちがその友だちに「おい、あのアカマタクロマタって一晩中やっているのか。途中で交代しないのか?」って質問したわけです。そしたらね、友だちが怒って「質問したらあかんっていうたやろ」と頭がカッカするほど怒りましたよ。神のこと、質問したらあかんわけでしょ。そのぐらい厳格な、タブーというか聖なるものなんですよね。世の中には聖なる世界があって、触れてはいけない世界があるわけですよ。我々でも女湯入っていったらどつかれて、熱湯をぶっかけられて、ケロイドになっても文句いえないのと一緒ですよ。私はその時、思いました。「聖なる世界は入ってはいけない」。それほど厳しい島の掟があると。

私の師匠の遠藤先生が、沖縄国際大学の近代法学者の方に、「おい、大島くん、アカマタクロマタって実際はどうなん?」って聞いたら、口聞いてくれなくなったっていうんですよね。頭は近代法学者なんですけども、体の中は完璧に「アカマタクロマタ」の神話の世界ですよね。神々の世界と法学者の世界、理念の世界とは別だということを私は先生から教えていただいたことがあります。そのぐらい島の掟、神を守るという意識が厳しいんですよね。

「マータンコー」というのは、海の彼方からやってくる龍神さんなんです。その竜神さんは実は先ほど申しました「アタマタクロマタ」と同じように恵みをもたらす神なんです。恵みをもたらす神なんだけども、実はいうことを聞かなかったら恐ろしい目に遭わせる。恐ろしいけども、丁寧につきあっていく。そういう世界に沖縄の島の人たちは生きている。若い人は知りませんけれども、そういう世界に生きているということなんですよね。離島に行くとそういうことがおわかりいただけると思います。

●「天の岩屋」

「天の岩屋」、これは『古事記』や『日本書紀』に出てきます天照大神が天の岩屋に入ったというお話でございます。詳しいお話はできませんけども、天照大神が須佐之男命に乱暴、狼藉をされて、それで天の岩屋に隠れた。そしたら光が消えてしまったという話ですよね。これは実は沖縄県の伊平屋島というところにあって、海岸にある巨岩がそうだということなんです。今もこれは信仰の対象になっているんですけども、この話は太陽が天照大神なので、日本の『古事記』や『日本書紀』から伝わっていて、そしてこの話ができたと思っているんですが、具体的な古代的祭祀はありません。実はこの「天の岩屋」については、太平洋のあちこちにこの太陽が隠れた話があるんです。北アメリカの方もずっとあるでしょ。つまり日本だけじゃないんですね。世界各地に太陽が隠れるっていう話が巡っているんです。その一部が『古事記』や『日本書紀』にも入っている。沖縄県にもとどまっている。沖縄の海人は、海を旅していますから、こういう話も流れ込んでくるということですね。スケールの大きな話です。

宮古に佐良浜というところがあります。佐良浜っていったら遠洋漁業でとっても有名なところで、逞しい人たちが世界に行って、こういう話が世界に伝わっていくんですね。佐良浜だけじゃないですよ。昔、南極の第一号の宗谷ってあったじゃないですか。あの宗谷の第一号の甲板長、その人が沖縄県の津堅島の人だったんですよ。そういう人たちが日本の海を支えているということはあまり知られてないんですけども、そういう話もちょっとしておきたいと思います。

●「ミルク神とサーカ神」

ミルクというのは弥勒で、サーカというのは御釈迦さんですが、この話の中に「火を盗んできた」という挿話があるんです。我々は火をつくる方法を知っているんですが、南西諸島、南西というよりも太平洋の南の方では動物が盗んでくる。そういう話があるんです。角川文庫の『火の起源神話』を読んでみますと、日本よりずっと南の方では虫とか鳥とかが盗んでくるんです。蟬とかバッタが火を神さまから盗んでくる。蟬とかバッタに盗まれないようにするために目にマスクをさせるんです。ところがバッタや蟬の目は上の方にあるので、神さまがどこに火を隠したかを上で見ているわけです。それで蟬とかバッタが沖縄の人に神さまが火を隠したところを教えたという話。それで沖縄に蟬が広がるようになった。これも恐らく南の方で知った話がここに潜り込んできているということであります。

沖縄の人たちって、みんな話が好きなんですね。どうして好きか、私はよくわかります。波照間に何度か行ったことがあります。波照間島というのは喫茶店が一軒しかないんです。何を売っているかというと沖縄そばしか売っていないんですよ。台風が来てもソーキそばしか売っていない。私の教え子と沖縄に行ったら「丸山先生、沖縄にはそばしかないんですか？」って聞いたから「なんで？」と聞いたら「先生と旅したら、そばしか食べさせてくれない」っていうんですよね。確かに離島に行くと、そばしかないところもあるんですよ。波照間に行きましたら、台風なんか来たら朝からすることがないから酒を飲んでるんですよ。何の話をしているかというと神話とか民話とか伝説ですよね。だから神話とか民話とか伝説が伝わるのは必然ですよね。みんな京都駅で座り込んで酒飲んで「古事記にはこんな話がある。日本書紀にはこんな話ある」なんてしないでしょ。ところが離島の人はそういう話をするんですよ。「あそこの山にはこんな伝説があってね」とかね。「ここにこんなキジムナが出てきてね」、そんな話。だから沖縄には古い話が伝わるのは当たり前。離島に行くとそれがよくわかります。

●「蛇婿入り」

「蛇婿入り」という話があるんですね。「三輪山型神話」というのがありまして、三輪山の蛇が男に化けてステキな女性のところに通ってきた。子どもを孕ませたんですが、夜、やってきますから、その子どもの父親がわからないから、親が「その着物の裾に針で糸を通しておきなさい。朝になったらその糸の後をついていったらわかりますよ」といって朝、後を追っかけて行ってたどり着いたところが三輪山の神さまだったということがわかるんですね。

この話は、研究者の段階では中国から韓国を通って日本にやってきたと解釈しているんですが、それは間違いなんです。私、この頃、はっきり「間違い」といいます。実は韓国では蛇じゃないんです。古いのは全部、ミミズなんです。日本の『古事記』や『日本書紀』よりも五〇〇年遅れて韓国神話の「三国史」ができているんです。平安時代の終わりから鎌倉時代の始め。それを見ると蛇じゃないんです。古いところではミミズなんです。大ミミズです。その大ミミズが男に化けて女のところにやってくるという話なんですね。中国はどうかというと中国はほとんど蛇ではないんです。私の研究ではありません。千野明日香という人がずっと研究していて調べてみると蛇ではない。

ところが沖縄県全域はすべて蛇なんです。台湾も蛇なんです。台湾にはミミズもある。蛇とミミズが両方ある。沖縄県はすべて蛇。韓国は古い時代はミミズですが、現在のフィールドワークでは蛇。「蛇婿入り型」は、日本本土では全部蛇です。

この分布を見て一体この「蛇婿入り型」の伝播はどういうようになっているかということですね。蛇というのは大体南の方でしょ。ずっと向こうから伝わってきている。中国にはほとんどない。韓国はミミズと蛇が両方ある。台湾にも両方ある。沖縄本土はほとんど蛇。ミミズはない。ということを考えてみると簡単に大陸から半島を通って日本にきたとはいえないんです。そこを再考すれば恐らく南の方からこの話は北へ上ってきた。そう考える方が自然であると思っているんですね。何もかも大陸経由、半島経由で日本に来た。そういう考え方はちょっと改めた方がいいんじゃないかと思っています。文化の広がりの伝わり方は再考しなくてはならない。我々の習った先生のレベルから調査もどんどん進んでいるわけですから。四〇年の間に学説史が変わるのは当然であると思っています。

●「おさな神」

「おさな神」というのは、母親と小さい子どもがセットで神として祀られている。この「母子神信仰」は世界各地にあるんですよね。母と子ども。聖母マリアとイエスのセットですよね。日本本土では神功皇后と応神天皇、これ母と子どもでしょ。ヨーロッパに行くと聖母マリアとキリスト。沖縄にないかというと、これは宮古の伊良部島にあるんです。やっぱり沖縄というところは面白いところですね。こういうデータはないかなと探したら必ず出てくる。それだけ沖縄県というのは国際的なんですよ。すごいところです、ここは。欲しいと思った資料は探せば出てくる。そりゃ、七五〇〇話もあるんですから出てくる。今も母と子どもが祀られている。

これについて、昔「桃太郎の母」という本を書いた石田英一郎という日本の文化人類学を始めた偉い先生がいるんですが、この先生がこの資料を知っていたら、びっくりしたと思います。

●「伊江島の起源神話」

さて次は日本本土から下りてきた可能性の強い神話を紹介させていただきたいと思います。まず沖縄本島の北部に本部半島というところがあるんですね。本部半島、ステキなところですよ。沖縄海洋博をやったところです。ぜひ一度行ってみてくださいよ。あまり知られていませんが、本部半島の横に「備瀬」というところがあるんです。準備の「備」に川の瀬の「瀬」です。ここはステキなところです。村全体が福木に覆われているんです。夜、行ったら怖いですよ。「キジムナ」ってお化けが出てきそうです。昼、行かないとだめ。海洋博の本部半島へはみんな行くんですよ。そのついでに「備瀬」に行ってみてください。素敵な村ですよ。「いいなあ」と思いますからね。

そして本部半島のちょうど向かいに「伊江島」って島があるんですよ。よく知っておられると思いますが、「太陽の花」っていうのを空輸で大阪、東京に送ってくる島です。たばこもここでつくっています。いい島ですよ。ここに城山っていう山があるんです。その城山を巡る話が「伊江島の起源神話」なんです。この神話の話はインドから「チャンピナ」という女神が牛に乗ってきて伊江島にやってきたって話から始まるんです。一体「チャンピナ」って何だ。仏教学科の先生に聞いたことがあるんです。そしたら、これはインドシナ半島で使われている言葉で、「インドと書いてあるけども、実はインドシナ半島の言葉だよ」といわれました。牛に乗ってくるというところも南の方の信仰でしょ。

だから面白い。そっちから来ているんですね。

女性がやってきて、ここの島の「ヤマシロ」という男性と結婚して生まれた子どもが、中国からきて鬼になった男に喰われた。奥さんが怒ってその鬼を恫喝するんですね。女の人は強いですね。「ヤマシロ」という男は弱虫。実はこれあまり大きな声でいえないんですが、ヤマシロさんというのは、ここの文化財の偉いさんの祖先なんですよ。女の人は強いんです。恫喝したら鬼がビビったわけです。そしてこの鬼は改心して「助けてくれ。あなたたちを守るから」というので、それ以来、城山の「タッチュー」という山の洞穴に隠れて、この島の守り神になるという話です。

つまり悪霊が改心をして守護神になるという話です。この発想は諸外国ではあまりなく、退治されるんです。しかし日本の古代信仰では悪霊は善神、守護神に転換するんです。これが日本の特徴です。皆さんご承知の通り、日本の怖い鬼は守護神になって神になるんですよ。しばしば日本ではあることなんです。鬼は日本では神という意味があるんですよね。こういう信仰は日本の古代信仰、中世信仰の中で起こっている。そういう文化は日本本土から南下しているんです。

日本の本土からきたものと、南からきたものがドッキングした話がこの話なんですよね。「伊江島の話」、実はこの話を語った長嶺たまさんは、なかなか本当のことを教えてくれなかったそうです。私の師匠の遠藤先生が十四回、この人の元へ通ったそうです。十四回、「教えてください」って。そしたら十四回目に「もう私は死ぬかもわからんから、あんたにだけは本当のことを教えてあげよう。実はこの話はこういう話なんだ」と教えてくれたのがこの話です。神事《かみごと》は教えてくれない。恐いんです。命をかけて教えてくれたんですね。それを一番弟子の私に「丸山くん、これ教えてあげるから、ちゃんとノートして論文書くように」とおっしゃられて、それでこれだけは書いておかなくてはいけないと思って論文を書いた。非常に貴重な話です。沖縄の民話調査って、三回や五回行ったからって真実を教えてくれるわけではないんです。十四回ですから、恐らく三年くらいかけて行ったんでしょう。それぐらい調査しないと本当の話は集まらない。そういう事例であります。

●「八重山の起源神話」

八重山で一番大きい島は石垣島です。あそこの石垣島はどうして「石垣島」というのか。石垣島では、石垣と大浜の二つの村が戦争しているんです。大浜が負けて石垣が勝ったために石垣島っていわれるんですが、これについてはまた別の機会があったら話をしないといけないんですが、これも沖縄における内戦ですね。西暦一五〇〇年頃にやっているんです。それが今も影響をもたらしているんですね。五〇〇年以上たっても、大浜側の人と石垣島の人は一緒に酒を飲まないって聞いてます。五〇〇年前の戦いが今に影響を及ぼしている。私は論文には書いていますけども、簡単には話は終わりません。

「八重山の起源神話」は『古事記』『日本書紀』の神話の形態をベースにしてお話が出来上がっているということをお話したかったんです。天の太陽の神が「アマン」で、アマンの神は土や石を落して、そして天の鉾でかき混ぜて石垣島ができる。そしてそこにアダンの木ができて、アダンの根っこからヤドカリが生まれ、さらにヤドカリが出てきた穴から男女の子どもが生まれてくる。男女の子どもは兄と妹です。その兄と妹が池の反対方向に回ってそれで結ばれる。そして人類が発生してくるという話があるんです。これはまさに『古事記』『日本書紀』の世界で、周辺の国にはこういう話はありません。中国にもありません。中国は儒教の国ですから神話とか伝承しません。ただし、少数民族にはありますけども、韓国にもこういう話はありません。だから本土から下ってきたということは明らかです。この池は二〇年くらい前まであったんですけど、石垣島が開発されてしまって池が消えてしまっているんです。写真が残っているんですけども、こういう大事なところが開発されてなくなってしまっています。

●「宮古島の起源神話」

「宮古島の起源神話」の「古意角《こいつぬ》、姑依玉《こいたま》」という神さまについて紹介します。天の神さまが天上の世界の岩の柱を折って下界に下した。そこで神々をつくっていくという話です。そのあとその神々は現地の荒ぶる神を退治して、という話になっていくんです。これも『古事記』の世界と似ています。

●「舜天王」

「舜天王」は沖縄の初代王朝の王さまです。どういう人かというと、舜天王統の初代王である舜天は、前の王を放伐して即位しました。舜天王統の創業者である尊敦《そんとん》という人は、清和天皇の後胤である六条判官為義、源為義の八番目の御子である為朝のことです。彼が琉球に漂着して、沖縄県本島南部の大里の豪族按司の娘と結婚した。これが舜天なんです。その後大きくなって立派になって浦添按司になった。浦添というのは沖縄県の中心部です。首里の北に浦添というところがあり、都があったところですが、そこの長、すなわち按司になるんです。そして後に舜天王統の王さまになるという話です。

これは現在、沖縄では事実と考えられていません。しかし伝承として信じられているんですね。沖縄県の男性で「朝」という名前をつける人が我々の仲間でもいるんです。これは、舜天王統の後裔であるという意識をもって、「朝」をつけているんですよ。伝承の上では、この話を事実だと思っているんですね。簡単に歴史的に嘘だとはいえないんです。日本でなんでもかんでも「あれは嘘だ、嘘だ」というんですが、そうはいえない。神武天皇も「嘘だ、嘘だ」というんですけども、嘘でないところもたくさんあるんですね。伝承はもう少し慎重に研究していかなくてはいけません。なんでもかんでも「嘘だ」とはいえません。この舜天王統の問題もこれから五〇年、一〇〇年かけてもっと丁寧に研究していかなくてはいけません。伝承が沖縄県各地にいっぱい残っているんです。もっと丁寧にしていかなくてはこの問題も解決しないと思います。

●「波照間の新生」

「波照間の新生《あらまり》」、これは日本の南の端の島、波照間島の創世神話です。波照間に人々は住んでおったんですが、この波照間の人が悪いことをしたので、空から火の雨が降ってきた。それで波照間の人は全員死んでしまった。ところが兄と妹二人だけが岩の下に隠れておったので助かった。この二人が結ばれて波照間島に人間が広まるようになったという話なんです。実はこの話、空から火の雨が降るという伝説は日本列島各地にあるんです。これは私が研究したのではなく、大島建彦先生という東洋大学の先生が調べた。日本列島で一番南の果ての波照間に残っている。この話も北からずっと下ってきた話です。そういう意味ではこれは重要だということで紹介させていただきました。

また、宮古島には「太陽の子ども」という話があるんです。この宮古の多良間島には安里家という家がありまして、太陽、ティダといいますけれども、太陽と人間が結婚した子どもの子孫といわれており、この多良間島の村長をずっとやってきた家柄でした。どうしてこの人が偉いかというと、シンドゥーヤーという屋号を持っている。シンドゥーヤーというのは船乗りの船長さんで、今でいうと大型タンカーの船長さんみたいなもので、かっこいい仕事なんですけどね。文化を運んだり持って来たりする仕事です。島の船頭さんでもあるわけです。その家柄としてずっと伝わってきた家がこの安里家で、そのご先祖様が太陽の子どもである。この島にはそういう話があるということで、紹介させていただきました。

●「兄は鬼」

これは私は重要だと思っているんですが、沖縄県には「兄は鬼」という話があるんです。十二月の確か八日だと思うんですが、「鬼餅《ムーチー》」というお餅をつくります。「月桃」の葉、本土でいうと「バラン」とか「バレン」とかいう葉っぱがあるでしょ。これに似ています。これに餅を包むんです。お餅を入れて軒先にぶら下げるんです。その熱い汁が落ちる。鬼がやってきたら「熱い」ということで逃げていくという習俗です。我々はどういうことをするかというと、柊にイワシの頭をつけて鬼がにおいを嗅いでやってきたら柊に鬼の目が刺さって鬼が逃げるでしょ。同じ原理の民俗を沖縄でやっています。つまり年の変わり目の厄払い行事です。

「兄は鬼」というのは「鬼餅」由来の話なんです。この話はみんな知っています。どんな話かというと、お兄さんが鬼で、人をたくさん喰うのでみんな困った。それで妹がこの鬼をどうしてもやっつけなくちゃならんということになりました。そこで、餅を二つ、一つは普通の餅、もう一つは中に固い石を入れた餅を作ります。そして、妹は兄をつれて二人で崖のところで餅を食べます。自分は柔らかい餅を食べ、お兄さんに石の入った餅を食べさせる。「こんな固い餅、お前食べられるのか?」「食べられるわよ」。その時に妹さんが裾をあげるんです。「へ? お前の下、それ何、喰うんだよ」「上は餅を喰うんだけど、下は鬼を喰うんだ」といって鬼を脅迫する。それで鬼はずっとあとずさりして崖に落ちて鬼は死んでしまうという話なんですね。

向こうのおばあさんはあけっぴろげですからね、「ここだよ、ここだよ」と指をさすんですが、こっちは赤い顔して聞いているんです。そういう話が沖縄にあるんですね。沖縄のおばあちゃんは下ネタの話が上手で、あっけらかん。今日はそういった話はほとんどご紹介できませんけども、私もたくさん集めています。これは本土でいうと年越しの時やりますよね。それと同じスタイルなんです。つまり年を越す時に鬼を追っ払って穢れを払う。そういう文化があるということですね。穢れを払う文化。それは根底として日本本土文化と共通していますよ。

一見すると沖縄文化は本土と違うんですけど、同じです。沖縄のハンバーグ、こんな大きなものです。びっくりしますよ。ご存知ですか。食べたことありますか。こんなでっかいハンバーグですよ。沖縄で一番広い飛行場、嘉手納飛行場に安保の丘というのがあるんですよ。昔はサンパウロの丘といいました。その前の店屋さんのハンバーグ、こんなんですよ。那覇の真ん中に行ってもこんなハンバーグが出てくる。アメリカのハンバーグは大きいんです。そのようなものがどんどんどんどん入ってきて沖縄文化はアメリカナイズしてきていますけども、しかし根源は日本食を食べているんですよね、やっぱり。表面だけ見ればアメリカナイズされている。そして中国文化も入っているし、いろんなものが入っています。東南アジアからも入ってきているけれども、根源のところを見ていくと、特にアイデンティティーのところを見ていくと、これ正に日本文化なんですね。それを表面しか見ないから、皆わからないけれども、しゃべってみたらわかります。そこを知ってほしいと思います。

沖縄方言は日本語なのか、という人もいます。三、四世紀頃に日本本土方言と分かれた、それは明らかなんです。私もちょっと沖縄方言を翻字していますが、わかりにくいですけども明らかに日本語です。日本の方言です。私は「国頭《くにがみ》の昔話」というのを出版しましたけども、翻字しにくいですけども、明らかに日本語です。

沖縄方言は本島方言、宮古方言、八重山方言、みんな違います。鹿児島方言と東北方言は関西人にはわかり難いですね。東北で民話の調査をしましたら八五％まで翻字できませんでした。わかるのは「桃太郎」「金太郎」「朝」「晩」そんな言葉はわかりますが、それ以上わからない。つまり日本列島はそれだけ広いということですよね。では沖縄方言は外国語か。いや、日本語です。東北方言は外国語か。いや日本語です。そういう意味で勘違いしないでください。根底を流れている、その一番根源に日本文化がありますよ。もう時間がありませんので今日はこれで終わります。どうもご清聴ありがとうございました。

（質疑応答）

質問　京田辺市から来た岡山と言います。現在、沖縄が置かれている状況が深刻です。そういう中で政治的にいわゆる日本に所属するということと中国とのつながりを強化するとか、独立をするとか、そういう人たちの話をマスコミを通じて聞いておりますが、実態はどうなのかということを教えていただいたらありがたいと思います。よろしくお願いします。

丸山　非常に微妙な問題です。私は学者の立場から伝承性を研究していますが、なかなか難しい問題ですね。「琉球独立論」は私が行った昭和四八年にはあるんですね。私が学んでいる日本民俗学には、伊波普猷という沖縄学の父と呼ばれている人がいまして、大きなお墓が浦添のお城の横にあります。沖縄学を大成した人です。伊波普猷。覚えておいてください。全集が出ています。

この人が「沖縄文化南漸説」というのを唱えているんです。本土から文化がずっと南に下ってきた。漸は徐々に徐々に下ってくるということです。仲間に聞きましたら、民俗学者はみんなそう思っている。日本文化、日本人は南下してきたんだということなんです。これ、間違いないんですね。もっと詳しくいいますと、沖縄県の宮古島、昔でいうと上野村のＤＮＡと北海道のアイヌのＤＮＡは一致した。そういうのもあるんですね。沖縄の南の果てと北の果ては縄文文化なのかな？　よくわかりませんけども、そういうところで一致するということは科学が証明するわけですね。古代信仰の上で沖縄がどういう文化の古層を持っているかについての伊波普猷の沖縄学の延長線上に、結果的にはそれを証明したことになる。

柳田国男は日本民俗学を始めた時は「沖縄は日本ではない」といったんですね。沖縄研究を日本民俗学でやることは、始めは否定していたんです。しかし最後頃はそうではなくなったと思います。「海南小記」とかいろんな本を書くことによって沖縄文化は北へ上がってきたんだ。しかし伊波普猷は「北から南に下がってきたんだ」と話は両方あるということです。

沖縄というのは懐の深い文化をもっていると思いますね。しかし沖縄だけじゃないでしょ。日本列島全体がそういう文化を持っているのではないでしょうかね。それから言語学的に見た場合、これは現代の言語学がよくいっているんですが、日本語は孤立言語です。周辺のどこの国とも日本語は一致しないんですね。どこの国とも交わらない。朝鮮語とも中国語とも周辺の言語と交わらない。それだけ日本の言語は古いんじゃないでしょうか。

それから古代遺跡で沖縄県の本島で小浜島っていう島があるんです。その小浜島で今から一万六〇〇〇年前の縄文土器が出てくる。沖縄文化はまさに日本文化であって非常に古い文化を残している。港川遺跡っていうんですけどね。みなさん勉強していただいたら日本を知る上で沖縄文化は役に立つんだなとおわかりいただけると思います。

質問　朝鮮の言語と重なりがないとおっしゃったけど、今、ハングル語を勉強しているんですけども、「約束」とかの単語、結構、日本語と重なっている、似ているものも多いんですけども、それはどうなんでしょう。

丸山　日本語から朝鮮語になっているのが多いんですよね。日本から朝鮮に渡った言葉。「チュントンガッコウ」とかね。「中等学校」。さまざまな日本語が朝鮮に行っています。中華人民共和国。あれ、日本語なんですよね。毛沢東が「あれ、日本語やんか」といったというね。日本の言葉はたくさん中国や韓国に流れているんですね。そっちの方だと私は思います。日本の明治の人って英語を日本語に直すの、苦労しているのですよね。それやったの、代表的な人は西周ですよ。日本人は造語能力が高い。そこをちょっとお調べになったらわかると思います。

質問　今日は遠藤先生が集められた七五〇〇〇の説話に触れてすごく感動しました。私はまだ二回しか沖縄には行ったことがなくて、「アマミキヨ」に興味が魅かれて沖縄の神話、伝説にちょっとずつ興味をもってきたところなんです。アマミキヨは沖縄の創世神話の元だと思っていたんですけれども、そうじゃなくていろんな創世神話が沖縄本土、離島にあるんでしょうか？

丸山　そうです。その通りです。

質問　アマミキヨというのは、そしたら沖縄本土のごく一部のものなんですか？

丸山　そう考えていいと思います。アーマンチューのお墓はどこにあるかというと浜比嘉にあるんです。アーマンチューともアマミキヨ、シネリキヨとも言うんですね。そこが本拠地で、広がっていっているんですね。島によってみな「創世神話」は違うんです。伊江島は伊江島、八重山でも島によって「創世神話」は皆バラバラなんです。首里は首里の神話、見事にみんな違う。

質問　沖縄の本島の中でも？

丸山　違うんです。簡単にいうと日本本土は七世紀に大和朝廷によってほとんど統一化されているんです。沖縄はそれより以前の姿を残しているんです。これがすごいことですね。京都は京都の豪族がおって、そこの神話を今まで残しているのと同じように、それは沖縄のすごいところですね。つまり国家統一以前の姿の神話を残している。面白いでしょ。ものすごく魅力的なんですよ。私はそれをまとめて書きたいんですが、暇がない。しっかり沖縄に行ってくださいよ。三泊四日、三五〇〇〇円で行く方法を教えますから。

質問　沖縄は琉球王国という王国があって言語も違いますよね？

丸山　いや、同じです、琉球方言ですよ。

質問　琉球王国の時も日本語ですか？

丸山　もちろんそうです。江戸時代の初め、一六〇〇年ぐらいに琉球王国ができるんですよ。

質問　元々沖永良部島とか、そういう普通の島みたいな？

丸山　それは違います。沖縄本島を中心にして支配領域を拡大していくんですね。

質問　それで琉球王国ができたんですか？

丸山　そうそうそう。北山と中山と南山があって、それらが統一されて小王朝ができていくわけですね。それまでは群雄割拠していたんです。北山は北山、中山は中山、南山は南山。宮古は宮古、八重山は八重山、八重山でもいくつかに分かれているんです。みんな一緒じゃない。だから伝えている神話もみんな違うんですよ。その意識が現在までずっと続いているから島ごとに神話が違うんですね。

質問　私はまた、沖縄って朝鮮とか別の国だったのかなと思っていたんです。

丸山　それは勘違い。勘違いは多いんですよ。沖縄の人も「我々日本は」と言いますよ。

質問　じゃ、結局元々日本に含まれている？

丸山　もちろんそうです。日本ですから。言語的には日本です。そういう質問多いんです。意外にご存知でない。「沖縄は日本？」。何、言ってるねん。あのね、沖縄に行って最初に教えてくれる言葉が「ウンジュー　イッペー　ツラカーギ」なんですよ。「ウンジュー」って「あなたは」、「イッペー」は「とっても」、「ツラカーギ」は「べっぴんさん」。「あなた、とってもべっぴんさんですね」「ウンジューイッペー　ツラカーギ」って言うんですよ。これ日本語ですよ。つまんないこと覚えているでしょ。それから覚えていくんですよね。ちょっと勉強されたらわかります。

それからこの前、宮古島の一番北の端の池間でのことですが、ダイビングするお兄ちゃんが池間の言葉を覚えていましたよ。みな、そうやって離島に行って離島の言葉を覚えていくんです。覚えやすいと言っていますよ。時間がかかりますけども。離島に行って離島の言葉を勉強していただけるとうれしいと思います。

質問　学部、専攻科を出まして三年ぐらいになります。今、大阪の枚方市役所に勤めております。高校生の頃ですが、ある先生が、台湾の伝説の話をなさったんですね。日本の補陀落渡海に似たようなお話があるんですね。日本の補陀落渡海はお坊さんを方舟に押し込んで流すんですけど、台湾ではなぜか綺麗な美女が方舟に入った格好で流れ着くんです。その間に沖縄がありますので、今日のお話でもしかしたらその話が聞けたらなと思っていたんですが、環太平洋というか、台湾の方の伝説のつながりのようなものはございますか?

丸山　これはね、見事に台湾の海峡と沖縄の間には断絶があるんですよ。台湾は道教の信仰なんですね。道教と日本の仏教は違うんですよ。台湾にお出でになったらわかると思うんですが、道教のお寺はあの世があるんです。しかもあの世には怖い神さまがいっぱいいるんですよ。

台湾の道教寺院にはこんなこわい神さまがいるんです。人間が死ねば、こういうところにまず行くんです。出入り口に何て書いてあるかというと「いらっしゃーい」と書いてあるんです。「心に悔ゆるものは来るのが遅い」と書いてあるんです。入口の両側に算盤が置いてあるんです。赤玉と黒玉の算盤。「あなたの帳面があるから今から調べてあげる」といって算盤を押すんです。それで赤玉と黒玉を清算して黒玉が多ければ地獄へ落とされる。赤玉が多ければ、ちょっとえぇとこ行かせてくれる。これが道教のやり方なんですよ。今に残っているんです。台湾に行ったらわかります。私も台湾はもう七~八回行っています。

日本はどういうことになっているかというと、どの人もみんな極楽浄土に行けることになっているんですよね。浄化されて。そうすると信仰形態の上でこの台湾との間に大きな差があるんですよね。なんで、こんなに違うのか。台湾の海峡を道教が越えられないんですよね。日本にこんな道教のお寺ないでしょ。台湾にはいくつもこんな寺がある。そこが台湾から日本に入ってくる時に越えられない大きな宗教的な違い、私はそう考えているんですね。城隍廟《じょうこうびょう》というのがあります。台湾には一番偉い太山府君《たいざんふくん》がいるんです。あの世の総理大臣です。地域に市町村長がいて城隍廟というのはその市町村長なんです。中国大陸にはそれは今、ないんです。どうしてかというと紅衛兵によって全部壊されたんです。私は紅衛兵の破壊の後に行ってきたんですが、太山府君の廟が全部壊されている。泰山の頂上まで行ってきましたけども、全部壊されている。ただし南の方に行ったら別の信仰は残っているんですけども。台湾に行ってみられて日本の信仰と違うのを見てください。

日本の神社は綺麗でしょ。お寺さんもいつも掃除している。浄化している。あれは何のためにしているかというと人々のこころを清らかにする。ストレスをなくして清らかにするのが恐らく日本のお寺や神社の役割だと思うんですね。極楽浄土もみんな清らかで、そこで再生していくわけですから日本人は死んだ後、楽じゃないですかね。中国人は死んだ後、大変だと思いますね。ちょっとでも悪いことしていたらひどい目に遭いますから。だから日本に生まれてよかったと思っているんですけどね。ローマのバチカンに行かれたこと、ありますか？　バチカンのシスティーナ礼拝堂のところに、悪いことした男が船に乗せられて鬼に連れられていくところがあります。ヨーロッパも死んだ後、大変でしょうね。日本はええですよ。少々悪いことしていても、みんな極楽に行くわけですから。だから悪いことしなさいというてるわけではないですけどね。

質問　台湾の話が出ましたね。神話ということからいうと、住んでおられる方が、要するに大陸から台湾へ渡ってこられた方がいるということですよね。神話ということになると、いわゆる台湾土着の南方から台湾に来られた高山族とか、そういう方の話が神話の世界にはないんですか?

丸山　あります。それは、日本の神話と共通しているんですが、我々はそこまで採集できてないんです。台湾の神話はまだ徹底的に採集されてないんです。今、台湾の学者にそそのかして「おい、調査しろよ」といっているところなんですね。台湾の少数民族は、昔は九族といったんですが、今は一二族〜一三族になったそうなんです。そういう人たちのフィールドワークが残念ながらまだ十分行われていないんですね。やっぱり言葉が違いますから調査するのは大変なんじゃないかと思いますね。ぜひやっていただきたい。

神話というのは神さまの話なんですが、仏さまも神さまも我々の考え方からいったら、いっしょくたでいいと思うんです。それが民族のアイデンティティーというか、それぞれの人々の価値観の根源を形成しております。中国は道教、日本は民族宗教、ヤオヨロズの神を祀る神道の世界、ヨーロッパだったらキリスト教でしょうね。それから中東に行きますと、これは友だちに教えてもらったんですけども、中東はイスラムの一元化というらしいんですが、実際に行ってみたらそうでもないんですってね。多神教のところもあると。「イランでも歩いてみろよ。そのへんに路傍の神様がたくさんいるぞ」と。だから我々が報道とか本を読んで知るのと実際にフィールドワークした人では多少違うんですよね。

私、ローマの凱旋門を見た時、あるいは教会に行った時に、教会の中に、いろいろな高僧がいるじゃないですか。あれ見た時、「あ、仏教でいうとこれは菩薩だな」と思いましたね。日本にいろんな菩薩がいる。カトリックにも菩薩がいるな。だから我々はキリスト教を一神教と言いますが、私はあれ違うと思っていますね。古い古代信仰を吸い上げて、そして高僧、黄金伝説ってありますけども、そういう形で作った。だからこれまでの学説をもう一度見直さないとアカンのじゃないか。やっぱり自分で歩いてみて、自分の目で見て、自分で確認しないと、昔の偉い先生の言うたことをそのまま信用すると間違いが起こる。だから我々が神話学者から教わってきたことを、私は今データでもってもう一遍洗い直ししているところなんです。我々が沖縄中心に集めた資料も、見直していけば五〇年、一〇〇年後に違った結論が出てくるであろうと思っています。学問ですから。

質問　私は中学校に勤務していましたので、沖縄の日本復帰の前年に中学生を引率していき、首里中学校とか現地の中学校、ノロの世界をちょっと経験しました。一族ですかね。大変大きいお墓があり、年に何回かお墓の前に一族の人たちが先祖を慰めに行かれているというのを聞いたんです。この根底にあるのは何か。仏教とのつながりをお聞きしたい。

丸山　沖縄では、一月一六日、「ぐそう（後生）正月」というのがあるんです。お墓の前で一族、門《もん》中《ちゅう》って言うんですね。一門が集まってそこでご飯を食べたり、踊りを踊ったり、時にはお見合いをしたりもするんです。我々はお墓の前でお弁当食べたり、見合いって、あんまりありませんね。なぜかというと穢れていると思っているから。ところが沖縄の人たちはお墓が穢れているなんて、全然思っていませんよ。「へぇ、本土の人たちはお墓が穢れていると思っているの。なんで？」って聞かれますからね。

日本の奈良時代は家の周りにお墓があったんです。高取正男という先生が、そういう研究をしておられる。穢れを発生させて穢れを思うようになったのは奈良時代の中頃から平安時代の貴族でしょうね。その文化の影響が現在の日本人を呪縛しているんではないでしょうか。そこが大きな違いです。沖縄の本島には「門中墓《もんちゅうばか》」といって、一門の人が入る巨大なお墓がある。二〇〇〇万円くらいですか。いいところだと三〇〇〇万円くらいかかると思いますね。亡くなったらそのまま棺箱に入れて、そこに葬るんです。そして五年とか七年たつと肉が取れてきますから、七月七日の七夕さんに海に持っていってそれを洗って「厨子甕《ずしがめ》」という綺麗で立派な甕に入れ替えて永久の眠りに持っていく、そういう儀式をやるんですね。

私はあんまりお墓が好きでないので、考古学とかそういうのはやらなかった。逃げていたんです。奈良時代以前の日本の古い信仰が沖縄の人に残っているんですね。だから穢れ信仰は沖縄の人たちにはないんです。

最近、こういう本を出しました。『世界神話伝説大事典』。日本人の編集による日本で最初の世界神話伝説の大事典です。私ともう一人、篠田先生と言うフランス語の先生と二人で編纂した本で九年かかりました。やっと出ます。定年に間に合ってよかったなと思っていますが、こんな本がありますので、よろしければご覧下さい。一〇三〇ページ程です。こんな分厚い本です。

司会　よろしいでしょうか。私も最近、沖縄のことを勉強したいなと思っていましたので非常にいい機会だったと思います。今日、初めて先生のまとまったお話を聞きまして沖縄の人より沖縄をよく知っておられるという感じがいたしました。

丸山　そうです。民話は沖縄の人より知ってます。沖縄のことなら私、いくらでも話したいんです。神戸女子大三宮キャンパスで沖縄の神話伝説を、第二金曜の二時から一時間半、九月から三年目に入るんですけども、ずっとやっています。やらせてくれたら死ぬまでやりますので。よろしくどうぞ。

（花園大学人権教育研究会第97回例会・二〇一六年十月三日）

日本の宗教教団と原発

島崎義孝

●教団人の立場から見えてきたこと

こんばんは。この二月中旬、人権センターの冬季フィールドワーク参加者の一員として、皆さんと一緒に美浜の原発を見てまいりました。これまで東北電力の女川、九電の玄海とか、ドイツの原発を遠くから眺めてきましたが、実は間近に原子力発電所を見るのは初めてでした。日本の原発は寸胴型ですが、向こうの原発は沸騰型というのか、排気口の上から白い煙が出ていて、その中に放射性物質も含まれているのではないかという感じがいたしまして、やはりいかにも胡散臭いという印象をもちました。日本に帰ってからも原発についてはそんな印象をもち続けていました。

その後たまたまでしょうが、二〇一〇年夏にある会社の人がうちの寺にまいりまして、ソーラーパネルを付けないかという話を持ち込んできました。当時すでに国もソーラーパネルの敷設に補助金を出す、京都府も京都市も出すということだったのですね。補助金が出るという話には弱いので（笑い）、ついつい乗ってしまいました。住職をしている寺は竜安寺のすぐ近くにありますが、一帯は風致地区で普通のパネルはつけられない。けっきょく国と京都府の補助金はとれましたが、京都市は基準が厳しいのかその分の補助金は会社が肩代わりするということになりました。それで一枚ずつがやや小ぶりのソーラーパネルが付いたのが二〇一〇年暮れの一二月、ちょうど六年前になります。一五年間、一八〇カ月の分割払いですが、これで関電から電気を買わなくていい。正直、ホッとしたような気分でした。じっさいは相変わらず電気を買っているわけですが、それ以上に売っている。

そして翌年、ご承知のように三月一一日に東日本大震災が生じ、福島原発が大爆発事故を起こしてしまいました。あれから六年がたって、あと九年間月賦を払い続けることになります。まだ、半分以上の支払い期間が残っていますが、全面的に電力会社に依存しなくていい。その分だけでも気分はよほど楽になりました。あとはバッテリー、蓄電池ですがこれもコストが高いのでどうしようか思案中です。これをもてれば電力を自前で生産し蓄えることができるので、関西電力から電気を買う必要がなくなり、よほど気持ちが楽になるだろうと思いますが、どんなものでしょうか。

私の住職するお寺は妙心寺の塔頭の一つで、塔頭寺院は四七カ寺あります。「3・11」東日本大震災以来、今日に至るまで、他にソーラーパネルをつけたところがあるかなと思って、本山に出頭したときなど山内の和尚さんたちに聞くのですが、「うちではやっていない」という。私だけが突出しているのかなという思いもありますが、皆さんどうしておられるのか気にかかるところです。ソーラーパネルのことでだけではなく、「3・11」以来、原発事故後の放射能汚染や、さらにいうと核問題などについて、山内だけではなしに妙心寺派教団に属している人たちはどう考えているのか。妙心寺派として一定の立場は表示していますが、妙心寺派に属する各寺院、他の宗教なり宗派の教団が今回の原発事故に対してどういう対応をしてきたか。

「3・11」の地震、津波+原発の問題に、ほとんどの宗教教団はこれまで従来通りの災害支援で、ヴォランティア活動や炊き出し、支援物資を送ることなどをやっていますが、原発事故に対してどういう態度をとるのか、今後はどのようにすればいいか、はっきりしているとは必ずしもいえない。妙心寺派は宗議会を踏まえていちおう「脱原発」「反原発」の立場を出していますが、他の宗教集団ではいったいどんな意思表示をしているのだろうかと思い始めたことが、今回の報告のきっかけとなりました。妙心寺派の僧籍にある人間の一人として今後、どういう態度をとっていくべきか。あまり宗教者とか仏教者という気張った言葉は使いたくないのですが、社会の風潮に流されるのではなく普通の市井の人間としての感覚で、しかしそれなりに宗教者という位置取りがあってやってきました。

まず、いくつかの手掛かりをはじめに示しておきます。

●日本の既成宗教教団の特性

宗教教団は「すべては人間に始まる」と言えるとおもいます。これはどの宗教、宗派でもそうです。いわゆる「創唱宗派」には開教者がいるわけで、そういう人が中心になって信奉者が集まり、それが教義の中心的な役割を果たすか、どちらかというと周辺部でそれらの人々を支援、外護するかたちで教団が成立するようになっていく。教団成立の四要素といわれる要件のようなものがあって、宗教学者によっては「教団論」という研究分野もあるようですが、ここではマリノフスキーの制度論にしたがってブリューワーなどが示した枠組みで見てみたいと思います。

四要素というのは①教義、②儀式・典礼、法要、③施設、④信者・信徒です。マックス・ウェーバーが『宗教社会学論集』(これは『経済と社会』という大著の一部を訳出したもので日本語で読むことができます)の中で「救済財(Heilsgüter)」という言葉を使っています。古今東西、およそ宗教という現象に関わる者が誰しも求めることは、極めて現世的な利益である。日本でも家内安全とか、商売繁盛、無病息災、難病平癒、学業成就とか山ほどのお願いを神仏に申しますが、しかしおよそ宗教というものについてはそれだけにとどまらない。さらに一段高いというか、深いところにも着眼している。「転轍手」(Weichensteller)、鉄道の線路を変えることを転轍というんですが、そのハンドルをそれぞれの創唱宗教はもっている。いま言ったような日常世界の様々な願望の成就はあるけれども、そこから一転してさらに向上を目指す。それが前世的なものに向かっているのか、未来に向かうのか、あるいは即今に向かうのか。坐りどころをそれぞれの宗教の創唱者が示している。現世もあるが、一段高いところにもっていく。創唱宗教が目指すのは目の前の現象だけではなく、人間存在そのものの根底にも目を向けるわけです。「何から（wovon）」そして「何へ（wozu）」という方向性をもつ。「救済財」というのはそうした内容、坐りどころをもっている、というわけです。

ご承知のように、むかしから宗教のイニシエーションは「貧困、病、争」だといわれてきました。最近では「孤」、孤独というのも大きなイニシエーションの動機に加えていいと私は思っています。そうして示された教義、信念体系を指導者にしたがって日常生活のなかで実践していく。そのために多くの場合、儀式典礼、儀礼が行われるわけです。創唱者が教団の中心、主軸になるわけですが、信者、宗教専従者の存在なくして宗教教団はできません。そういうことを踏まえて日本の原発を抱えている宗教教団はどういう様子なのか。原発に対してというより、さしあたって日本の諸々の教団の様子がどうなのかということから日本社会における宗教状況を見ていきます。

文化庁文化宗務課は毎年、『宗教年鑑』を公表しています。ホームページを見てください。オウム真理教事件あたりから宗教活動を把握しないとだめだということから始まったのかもしれませんが、この二〇年ほど毎年出しているようです。図1の円グラフは単位宗教法人数と信者数です。日本の宗教をいくつかに分類して、それぞれの宗教の系統によってどれだけの宗教法人があるかを表にしたものです。法人数が全部で一八一四一一、神道系が約八万五千。各々の宗教法人が自分で数えて

図1 （『宗教年鑑 平成27年版』（文化庁HP）より）

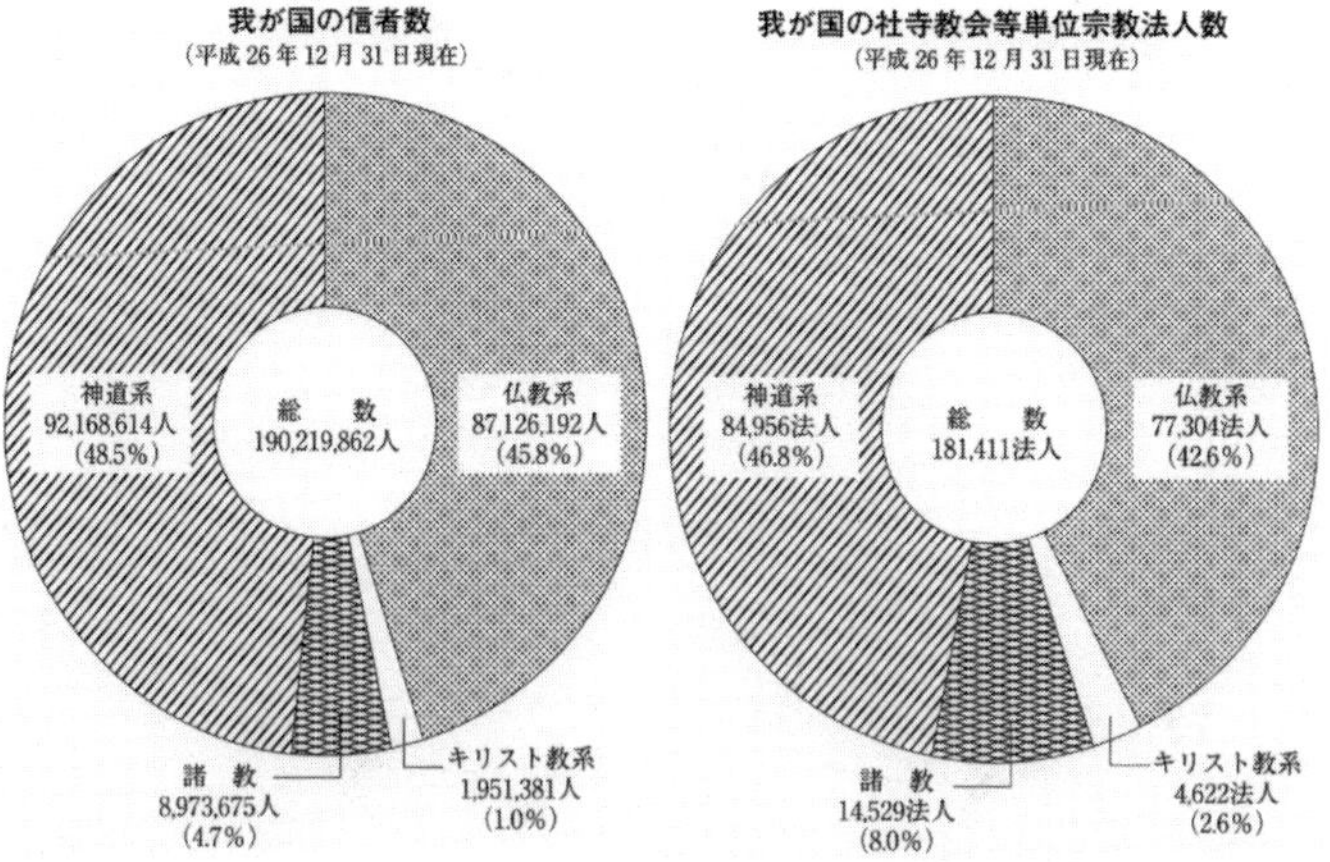

いる信者・信徒数が、おおよそですが神道系九二〇〇万人、仏教系八七〇〇万人、キリスト教系一九五万人、諸教、先の三つ以外の諸々の宗教の信徒・信者数がこれに続きます。この人口をトータルすると一億九〇〇〇万人が日本の総宗教人口となります。実際の日本の人口は一億二七〇〇万人ですから、これはいったいどうしたことかと驚かれるかもしれません。

資料として少し古いですが、国学院大学二一世紀COEプログラム（二〇〇三年）「日本人の宗教意識、神観念に関する意識調査」では、「あなたは何か信仰、信心をもっていますか」という問いに対して、「もっている」という人が約三〇%、今の人口からすると三七〇〇万人くらいという数字がでています。これは別の資料でも示されています。ISSP（International Social Survey Programme）による調査結果（一九九八年）（表1）でもそうです。「とてもある」「かなりある」「まあまあある」の合計が三二・〇%になっている。宗教団体が独自に数える宗教団体、信者数は軽くこの国の人口を超えています。しかし、実際に程度の差こそあれいちおう信仰、信心をもつと言っている人はこれだけになるわけです。いったい、どうなっているのか。

営利企業のマーケティングリサーチでは顧客はどの程度確保できるかなど綿密かつ克明な調査をしますが、宗教団体が数えている信者数はきわめて大雑把です。「宗教団体への信頼度」では日本が一番宗教者への信頼度が低い（表2）。これに関連して「宗教指導者への政治的影響力」（「宗教団体の

表 1. 信仰の有無・国際比較（1998 年 ISSP 調査より）

	とてもある	かなりある	まあまあある	計
ポーランド	1.3%	14.9%	67.4%	83.6%
アメリカ	6.9%	19.5%	50.2%	76.6%
イタリア	3.7%	10.7%	50.1%	64.5%
ロシア	3.6%	21.6%	22.7%	47.9%
日本	4.0%	5.5%	22.5%	32.0%
スウェーデン	1.2%	3.2%	12.2%	16.6%

表 2. 宗教団体への信頼度・国際比較（1998 年 ISSP 調査より）

	非常に信頼	かなり信頼	まあまあ信頼	計
フィリピン	30.0%	42.1%	21.5%	93.6%
アメリカ	9.6%	34.0%	40.0%	83.6%
イタリア	7.9%	24.4%	39.5%	71.8%
ロシア	14.2%	24.1%	27.6%	65.9%
フランス	2.3%	11.9%	35.6%	49.8%
日本	1.3%	3.6%	22.3%	27.2%

表 3. **宗教的指導者の政治への影響・国際比較**（1998年ISSP 調査より）
「宗教団体の指導者は、政府の決定に影響を与えようとするべきではない」

	そう思う	どちらかといえばそう思う	計
日本	71.4%	15.9%	87.3%
イタリア	47.9%	27.7%	75.6%
ロシア	39.7%	35.1%	74.8%
フランス	56.0%	17.5%	73.5%
フィリピン	32.9%	31.1%	64.0%
アメリカ	30.3%	29.3%	59.6%

表 4. 宗教団体の勢力・国際比較（1998 年 ISSP 調査より）

	強すぎる	どちらかといえば強い	ちょうどよい	どちらかといえば弱い	弱すぎる
イスラエル	28.0%	37.2%	20.0%	11.1%	3.7%
日本	10.4%	47.1%	31.1%	8.5%	2.9%
イタリア	13.0%	35.4%	42.0%	8.3%	1.3%
イギリス	6.5%	24.4%	27.6%	8.5%	2.0%
アメリカ	6.3%	17.2%	58.5%	16.8%	4.6%
ロシア	5.4%	16.5%	46.9%	16.8%	14.4%

指導者は、政府の決定に影響を与えようとするべきではない」という言葉が付帯している）の調査では、逆に最も強いと見られている（表3）。同じように「宗教団体の勢力」（表4）でも「強すぎる」「どちらかといえば、強い」と考えている人が半分以上おり、これについては世界レベルでは日本の宗教団体の力は強い、ということになるでしょう。それぞれ何を根拠に回答者は判断しているのか、これだけでは分かりません。

概してこの国の人たちは特定の宗教・宗派には必ずしもこだわらない傾向があり、それでいて無宗教という人がたくさんいて、他方では「八百万の神」に親しみをもっている。リアリスティックというか、白黒はっきりさせるキリスト教、イスラム教など色分けのはっきりした宗教とは様子が違うことがあります。そういうことを踏まえて日本の宗教教団がどういう態度を原発に対してもっているか。そんなことを、できる範囲で調べてみました。

●世界的な宗教指導者の原発観

この国の人たちのひとつの傾向として、外からの影響、特に外国の著名人、有力者の誰かがいったことを無批判に受け入れるところがあるようにおもわれます。たとえば、ダライ・ラマとローマ教皇が日本でどんなことをいったか。ダライ・ラマ一四世はチベット騒乱以降、半世紀にわたって世界の方々を回っておられます。日本にもたくさんの知り合いがいてノーベル平和賞も受賞しました。「３・11」震災の年に日本に来て被災地を訪問されました。

「物事は常に全体を見て決めるべきで、一面だけを見て決めるべきではない」「破壊的なものは破壊的なものしか生み出さない」「原子力が兵器として使われるのであれば、決して望ましいことではない」「代替エネルギーは十分でないかもしれない。十分というのは〈先進国〉にとってのことではなく、これから発展を遂げる諸国においても十分でなければならない。そうでなければ貧富の差を生じてしまう。安全に万全を期すことが大切である。あなたが〈原発は必要だというのならそれもいい〉、あるいは、〈原発はいらない〉とお決めになるならそれでいいと思う」。

ある新聞では「ダライ・ラマは原発を必要としているといっている」と報じていました。有名人とか影響力がある人の片言隻句、そこだけをとって「この人はこういうことをいっている。それは正しい」と案外、乗ってしまいやすい。お互いに気をつけないといけないことです。何新聞といってはいけませんが、いわゆる五大新聞の一つです。発言全体の文脈から見ると、「原発を必要と思うならそれを取り入れてもよろしい、しかし原発が起こすこと〈事故〉を引き受けるだけの覚悟、用意があるのであれば、原発を引っ張ってくるのもいいでしょう」としかとれない言葉だと思います。

次にローマ教皇。ヨーロッパでは少し影響力が低下しつつありますが、南アメリカ、アフリカでは教線をむしろ拡大しつつある。二〇一五年に日本の司教団がヴァチカンを訪問した。その時、ベネディクト一六世はすでに退任され、今のアルゼンチン生まれのフランシスコ法王が「３・11」の原発事故に関連して「人間の奢りと現代文明のひずみのひとつとして原発開発に警鐘を鳴らした」。しかし、これはローマ・カトリックが一貫してもち続けてきた態度ではない。先のベネディクト一六世は「原子力の平和利用」を語っていたほどです。

一九八六年のチェルノブイリの原発事故の時、ドイツ、スイス、イタリアでは反対に回った住人がたくさんいた。ドイツは現在のアンゲラ・メルケルさんは推進派でしたが、技術力が高い日本でさえあんなことが起こったとして、にわかに反対に向きなおったことはご承知のとおりです。ヴァチカンではチェルノブイリ原発事故以降、「バベルの塔」になぞらえて、原発は人間の破滅につながると憂慮の念を示した。ところが「人間はGodの定めた自然の掟」に従わないとだめだという、どちらにも受け取れる発言ですが、いったいどうなんでしょうかという疑問が沸いてくる。

日本では総理大臣以下、産業界の人が国内に原発をつくれない、再稼動は難しいという判断から発展途上国などに原発を輸出する動きがあります。南米、アフリカにこれから原発を入れましょうということですから、そうした地域では前向きになっています。ローマ法王庁の事情からいうと、そこで原発反対というのはカトリックの教線拡大にとっていいことではないという判断なのかもわかりません。世界的に影響力のある宗教者の言葉は日本でも注目されたと思います。

●日本の諸宗教の原発に対する態度

まず、個々の宗教集団ではなく、日本の宗教集団が集まって作っているグループごとについて、その原発に対する意思表示を見ていきます。

(1)「原子力行政を問い直す宗教者の会」

全日本仏教界の宣誓文、世界宗教者平和会議の宣言、などがあります。これらは個々の宗教団体ではなく、日本の宗教者が宗派を問わず、一致して出した意見書といえると思います。「原子力行政を問い直す宗教者の会」、原発被害にあった人たち以外にも3・11以前から放射能や原発そのものの脅威に対して行動していた人たちは少なくありません。一九七〇年代、日本各地で原発がどんどん建設されていった時期、各地方で個別に反原発、脱原発の運動をしていた人たちがいます。

「原子力行政を問い直す宗教者の会」が組織されたのが一九九八年。フランスから大量のプルトニウムが茨城県の東海村に陸揚げされ、さらに青森県六ヶ所村に核燃料の処理工場を建設しようとか、若狭湾に高速増殖炉「もんじゅ」を設けようということが起こりました。これに対して当初から原発はうさん臭いどころか、危険だと思っていた人たちが集まって、最初は「もんじゅ」立地の福井県敦賀で神道、仏教、キリスト教、諸宗、新宗教一四派一〇四名、少数精鋭で、はっきりした反原発の意志をもつ方々が宣言を出しました。文言が印象深いですが、「時代の潮流に漫然と乗るのではなく、流れに逆らわなければならない時に流れに抗して生きること、宗教とは本来そういうものではないだろうか」とした上で「全国各地で、それぞれ宗教・信仰をもって活動する私たち。今、まさに各自の宗教・信仰が、その真価を発揮すべき時が来た。今、私たちは、人が人であることを忘れ、また恥じなければならない苦悩の時を迎えようとしている」と宣言しています。現在、方々でいわれている反原発・脱原発の基本的なテーゼというか、抗議・批判内容がすでに出揃っている感じがします。

宣誓文としては長いのですが、まとめると①〜④になるかと思います。

①まず、行政に対する不信感。日本の原子力発電は原子力の平和利用という名目で、国策として始まった。中曽根康弘、読売新聞社の正力松太郎が一九五〇年代、原発予算として二億三五〇〇万円の予算を獲得しました。ウラン235をもじったといわれています。それが日本の原発政策が出発する最初です。資源小国、最近も円安で原油が上がるとどうなるかと、その時々に態度がころころと変わる。

各地方でどういうことが起こるかも深く考えずに、じっさいに原発労働で被曝して亡くなった人もたくさんいるといいます。それを日本のメディアは継続して詳しく報道しない。報道しても忘れやすい国民性なのか一過性のことで終わる。行政が原発のネガティブな面に誠実に対応してこなかった、そのことが行政への不信感として宣言に現われています。「原発政策は政府の棄民政策だ」「地域文化の破壊と分断である」「欲望の煽動」「構造的差別の増長」「被曝労働の隠蔽と救済活動の放棄」「物質偏重の破廉恥」「負の遺産の後続世代への押しつけと無責任」などと記しています。

二月に若狭に原発のフィールドワークにいった時、中嶌哲演さんが四つの汚染があると言われたように思います。身体、環境、毒饅頭（金をつかませて）、そしてついつい心まで汚染され、多くの人たちが易易と乗ってしまった。挙げ句の果てにすべてが汚染されてしまったということをおっしやっていました。そういう不信を招いてしまった。

②「本当の豊かさとは何か」という問いかけ。人間の営みとしてのすべての宗教は、根底的なところで必ずしも、物質的な繁栄を重視しない。むしろ物質の豊富さ、絢爛を遠ざけようとする傾向がある。清貧とか知足を尊ぶところがある。人間はほっておけば欲望が拡大して挙げ句の果ては互いに喧嘩をする。万人の万人に対する戦いを生じる。人間の欲望には際限がなく、それに乗ってしまってはだめだと。

③「もんじゅ」は地獄の大王。人間社会にあってはならないと断定した。この存在を許したら地上に生物は存在しない。「原子力行政を問い直す宗教者の会」では「もんじゅは地獄の大王だ」と断言している。

④翻って自分たち宗教者はどうだったかと自己反省をする。「崇高な教えで安心や救いを説くものの、それらが自らの内面の死後の平安、狭い「ご利益信仰」のみに向けられつつ、現実逃避をしてこなかったか。かつての侵略戦争を宗教者・信仰者が防ぎ得なかったばかりか、教団によっては積極的に荷担してきた犯罪的背教的歴史を至心に懺悔するとともに、私たちは今まさに自他の一切のいのちが破壊の淵にあるこの現実を直視し、その根本的具体的解決のために祈り、行動しよう。それこそが、現代に生きる私たちがそれぞれの宗教・信仰の存在価値を表明し、自らをも深めていく道だ」というのです。

私は臨済宗妙心寺派の末寺の一住職ですが、戦中、妙心寺派に限らず、大同団結して臨済宗で戦闘機を献納したという過去があるわけで、昔の妙心寺派教団は二条城を安く売ってやる代わりに戦闘機を寄附しなさいという話があったとか、自己反省を書いています。「原子力行政を問い直す宗教者の会」の宣言は、後にいろんな人が反原発、脱原発を表明する時のひな型になったというものです。

(2)全日本仏教会宣誓文

次に全日本仏教会です。「私たち全日本仏教会は、〈いのち〉を脅かす原子力発電への依存を減らし、原子力発電に依らない持続可能なエネルギーによる社会の実現を目指します。誰かの犠牲の上に成り立つ豊かさを願うのではなく、個人の幸福が人類の福祉と調和する道を選ばなければなりません。そして私たちは、この問題に一人ひとりは自分の問題として向き合い、自身の生活のあり方を見直す中で過剰な物質的欲望から脱し、足ることを知り、自然の前で謙虚である生活の実現にむけて最善を尽くし、一人ひとりの〈いのち〉が守られる社会を築くことを宣言いたします」。

これも先の「原子力行政を見直す宗教者の会」がひな型となっているような気がします。概して全日本仏教会という保守政党を支持しているといわれたところが、こういう宣言を出したのは新しい方向なのかなという気がします。

(3)世界宗教者平和会議

第九回世界宗教者平和会議。最初は比叡山で始まったと記憶していますが、二〇一三年に九回目の大会がウィーンでありました。この時に日本の代表が「宗教者の役割として人間の尊厳を守る、女性に対する暴力を防ぐ、共に幸福に生きる、諸宗教のネットワークの力を強化する。政府や国際機関の協力、市民社会に人権の保障、核兵器、大量破壊兵器、小火器の廃絶、被曝と放射能汚染の脅威」などを訴えた。最後の文のところを世界の宗教者の集まりの中で日本の宗教者が発言したのは、それまでになかったことのようです。

(4)国境なき僧侶団

国境なき医師団や国境なき芸能団がありますけれど、僧侶もこうした集まりがあってどういう働きをしているか。このメンバーの中では日本の仏教は仏教ではないということをいっているようですが、今後調べていきたいと思っています。

●各宗教・宗派の態度・取り組み

以上は日本の宗教の比較的大まかなまとまりの中での立場表明ですが、次いで神道系、仏教系、キリスト教系、諸教の順にみていきます。

(1)神道教団

日本の八百万の神、京都にもあちこちに神社がありますが、たいていの人は誰にお祈り、参拝しているのか知らない。建勲神社は信長、平安神社は桓武天皇、大石神社は大石良雄を祀っているとか、そんなことにはあまり関心がないようです。「何ごのとおわしますかは知らねども忝なくも涙こぼるる」というわけです。たぶん他の社会にもあるのでしょうが、ユダヤ・キリスト教の立場からいうととんでもない日本人の宗教意識なのだと思います。ウェーバーは「自己神化」と呼んでいますが、彼らからすると人間が神になるというわけのわからない宗教形態をもっているのが日本社会の宗教の一側面です。

そして「八百万の神」。明治の最初には当時の政府はそのわけのわからない民衆の信心の対象にしていた祠、小社などを「小祀淫祀」とみなして、全部一本化して天皇制を中心とした国家神道を形成していこうとしました。松本清張の小説で『象徴の設計』というのがありますが、無理にでも全部、天皇制に集約していこうという中で国家神道が生まれてきたのです。それが敗戦になり、瓦解します。それに替わってこんどは民主化の過程で、本当に民主化といえるかどうかということには大いに疑問ですが、ともかく出てきたのが神社本庁です。

戦後の神道は大きくいうと神社本庁と教派神道の二つがありますが、ほとんどが神社本庁の傘下にあり、公称九二〇〇万人の信者がいるといっている(先の「図1」)。『宗教年鑑』にも載っています。すべての神社をとりまとめる役割を担う。ロバート・ニーリー・ベラーという『徳川時代の宗教』を書いている方は、丸山真男に批判もされましたが、「神道は日本に特殊なもので世界宗教にはなりえない」と言っています。日本の宗教は八百万の神を生み出してきた。要するに自然宗教でしょう。原発、核は自然をぶっ壊してしまうものですが、放射能は自然宗教の立場からいえば明らかにケガレであり、放射能の廃棄物は中和できない、解体できない。ミソギもハライもできない。ところが神社本庁は「3・11」に対して日本の神道をまとめている元締めですから、当然、原発に対して、しかるべき発言があるはずだと思っていたら、機関紙である「靖国」という雑誌に書かれているものは、「3・11」という未曽有の事故において示された日本人の忍従性や相互の助け合い、落ち着いた態度など気高い精神性を称賛する記事が多い。原発とか被災者の抱える問題にほとんどふれていない。

日本会議が最近、押し出していますが、皇室と日本文化を大切にする、現憲法を否定して新憲法の制定とか靖国神社の儀礼の確立、子どもの道徳教育の推進、世界から尊敬される道徳国家、世界貢献などを訴えています。保守系の国家議員、総理大臣から何々会長までが中核的なメンバーですが、精神的な拠り所になっているのが神社本庁です。日本会議には霊友会、念法真教、崇教真光、解脱会、黒住教、オイスカーインターナショナル、大和教団、倫理研究所、モラロジー研究所、日本青年協議会などが名を連ねている。

山口県に中国電力の原発をつくろうとした時、そこに上関神社があり、予定地の一部は原発をつくろうとする地域の一隅にあった。当時の現職の神主さんは「そんなものをつくってはならん」と反対されたそうです。ところが神社本庁はその宮司の職を解いて、自分たちの意に叶った宮司を新たに派遣してつくろうとした。元の宮司が「偽造だ」と訴訟を起こしましたが、係争中に亡くなられたということがありました。ケガレの最たる原発を神社の大元締めがつくるのかという素朴な疑問をぬぐいきれません。

(2)仏教教団

a)日本山妙法寺大僧伽

藤井日達上人が、「仏法を印度に帰す」「日本の仏教は仏法にあらず」「戒律の厳守」ということで、一世紀くらい前に始まり、上人没後も世界各国で活動しておられます。どこへでも団扇太鼓をさげて出向くのが特徴的です。日本の仏教集団の中でたくさんの坊さんは、日本山妙法寺の坊さんたちの前ではたぶん頭が上がらないだろうと思います。戒と律を守って仏法の教えのとおりに生活しておられる。素朴な宗教的感情をたどれば、日常の社会問題に関心が向かわざるを得ない。宗教が政治に口出しすべきではないという人たちがいますが、彼らは自分たちのしていることを政治的行動だとは考えていないだろうと思います。まさに仏法実践というかミッション活動そのものだと私も考えます。

「沖縄平和祈念行脚」「成田空港軍事利用反対」「三里塚の平和塔建設」を推進、「憲法九条改定に反対し、九条を守ろう」「命の行進」などの活動を続けておられるのは、日本の仏教としては特筆すべき存在だと思います。ある意味、ついていけない、こんな立派なことはなかなかできないというところがあります。原発についても正面から反対を唱え、電力会社の前で一般の反原発の人たちに混じって例の団扇太鼓をさかんに連打しているラジカルな仏教の宗派です。

b）浄土真宗

（i）真宗大谷派

この二月中旬、若狭に行ったさいに、西誓寺のご住職に地域の原発の様子、ご自身たちがどういう活動をしておられるかお話を伺いました。ご住職は真宗大谷派です。古い話ですが、同派は織豊政権の終わりの頃、京都では東本願寺と西本願寺に分かれましたが、どうも当時の門主が東西に分かれたさい、ラジカルな方が東本願寺を率いてこられて、体制寄りの門主が西本願寺を率いてこられたようなぐあいです。大きさ、門徒さんの数からいうと東本願寺は西の半分くらい。しかし積極的に社会的な事象に発言してこられたのは東の方です。これまでも真宗大谷派は日本の仏教諸宗派の中で社会的な関心をもって、政治に関わる事柄についても相当踏み込んだ発言も果敢に行ってきたと思います。

一九九九年、ＪＣＯという住金鉱山傘下の旧財閥系の会社が、東海村で臨海事故を起こしました。一九九九年九月、周辺住民の被曝の脅威に対して「危険の上に成り立つ豊かさよりも、いのちの尊厳を重視する立場にたってエネルギー政策を見直す」よう政府に提言します。そして『いのちを奪う原発』を発行しています。これは「3・11」の前に出していて、こういう問題に宗派をあげて関心が深かったことが分かります。

北陸地方は東本願寺系の寺院が多く、二月に我々が伺った時も阿弥陀さんの前でお話を聞かせていただきました。ホトケさんの前で法談もするが、時事問題、生活の周辺で起こっているさまざまな事を相談する会をやってこられた。門徒さんの雰囲気が禅宗寺院の住職の私などからすると新鮮というか、よほど違うなあという気がいたしました。

高速増殖炉「もんじゅ」をめぐる行政措置に対して、名古屋高裁金沢支部が二〇〇三年に「安全の証明がなければ運転は認められない、認可は無効」と判決を出し、国敗訴の判決を出しました。それに対して国は控訴して、最高裁判所は「安全審査の判断過程に深い誤りや欠陥はなく、違法とはいえない」と判断して金沢高裁判決を「無効」とした。これに対してこんどは真宗大谷派がかみつきます。批判の観点は「いのちを第一義的に重視した判断を覆し、地域住民の不安と原子力の危険性に着目せず、むしろ危険が証明されなければ運転を認めるという行政追随の判断」を指摘したんですね。「核燃料サイクル推進に反対する決議」並びに「日本国憲法〈改正〉反対」を宗議会で決議しました。東本願寺の宗議会として可決した。踏み込んだ判断だと思います。「原子力発電に依存しない社会の実現に向けて」要望書を内閣総理大臣に提出した。放射線量の測定、周知と除染活動、早急な避難措置(とくに妊婦や子どもの避難措置)、被曝した人たちへの長期にわたる健康管理と生活支援。一刻も早い原発に依存しない社会の実現と、「3・11」以前に、日本の仏教宗派として具体的な対応内容をもっている。

（ii）浄土真宗本願寺派

それに対して西本願寺派はどうだったか。西本願寺としての正式な声明はなく、大谷門主の非公式の発言として極めて短いものが出されています。「原発は人間の処理能力を超えたものである。使用済み核燃料の処理方法がないものをどうして許したのか。廃棄物だけ残していくのは、倫理的・社会的に問題がある」と、「3・11」から一年半ほどして「朝の風」という機関紙に書いています。

しかしながら宗派として、西本願寺は原発に対する公式な見解は示していないように思います。各教区での個々の同派寺院の支援活動の報告はあるが、原発についてはほとんどないようにみえます。社会事業宗ともいわれてきた浄土宗とならんで、真宗も一般民衆のために尽力してきた歴史的な背景があり、従来型の支援、援助は盛んにしておられますが、こと原発についてはどうもはっきりとした表明はされていません。太田隆文監督が原発事故の悲劇を描いた『朝日のあたる家』という映画の上映を主催してやっていますが、それでは宗派としてどうなのかというとはっきりしません。

c）禅宗

（i）曹洞宗

「原発銀座」といわれる福井県には一五基の原発がある。日本原子力発電が抱える高速増殖炉「もんじゅ」、新型転換炉「ふげん」の命名には、地元永平寺の当時の最高責任者がかかわったと言われています。「もんじゅ」は獅子に乗って現れる文殊菩薩、「ふげん」は白象に乗って登場する普賢菩薩からとったもので、釈迦は何に乗りたもうかという公案があります。「もんじゅ」も「ふげん」もお釈迦さんの左右にいる脇侍の仏さまです。本尊は原子力発電施設というところでしょうか。原発のいい面だけを吹聴された世間知らずの坊さんが、誰が話をもちかけたか知りませんが、どうも地域の大手有力会社に乗せられたという気がいたします。世間的には、あの永平寺の偉い坊さんが原子炉に仏さまの名前を借りて「もんじゅ」「ふげん」と名付けたのだから、ということで一般の人へのイメージが和らぐ。電力会社の目論見を読みきれずに原発の危険性を気づかずにおっしゃったのかなと。いろんな説があってわかりません。

　でも「3・11以降」、曹洞宗では「原子力発電に対する曹洞宗の見解について」という声明を出しています。曰く「CO^2削減のために期待された原子力政策が今回の事故で絶対的に安全ではないことが明らかになりました。その被害、エネルギーが計り知れないことがわかりました。しかし現状において即時に原発を停止し、再生可能エネルギーに転換することは不可能です。火力、水力にしてもCO^2排出や河川など環境への負荷があります。電力不足による経済の停滞、原発立地地域の自治体の事情、雇用など解決すべき問題は山積みしています。原発は「人権・平和・環境」を掲げる曹洞宗にとってもゆるがせにできない問題です。すべてのものごとは互いに支えあって存在していることととらえ、どちらか一方の立場にとらわれることなくものごとに接していくことが、私たち曹洞宗の姿勢であり、それを具体化したのがこのスローガンです」。

　このあたりは先に見たダライ・ラマを擬《なぞら》えたという感じがしますが、曹洞宗がそこまでネガティブな原発汚染、爆発するということを引き受ける覚悟があって言っているのかという疑問が沸いてきます。「現時点で原子力発言の是非について述べることは非常に難しいのではないでしょうか」「一人ひとりが自分の問題として向き合うことが大切だと考えます。日々の生活の中で使う電気を無駄に消費していないか点検することもその一つです」「また原子力発電を否定的にとらえることが感情的に行われ、原子力発言にかかわる人びとを傷つけることも心配されます」。これでは一体、どっちやねんという疑問が沸いてきます。

曹洞宗は臨済宗の三倍くらいの末寺を擁する。当然いろんな方が信者信徒におられて、うかつなことをいえない事情もあるのでしょうが、宗旨に照らしてどうなのかということが基本にないといけないのではないか。世間の事情が主になってしまったら看板が泣くというものです。日本の宗教者に対する信頼度は世界で一番低いという可能性も危惧されたのかもしれませんが、むしろ右顧左眄している方が信頼度に関わってくるのではないか。それでもさすがに大教団で鷹揚な感じはします。

(ii) 臨済宗

一四派に分かれていまして総本山にあたるものはありません。黄檗宗も加えて「臨黄連合各派合議所」という括りがある。政治的、社会的な活動はしていなくて、伝統的な宗教行事や宗祖、祖師の顕彰などを主としており、親睦連合の関係性です。妙心寺派がこの中で末寺が多く、一番大きい。他派は建長寺派とか南禅寺派ですが、規模としては妙心寺派の八分の一くらいです。それ以外はもっと小規模です。それで臨済宗で何か相談事があると、たいていは妙心寺派が決めたことに従っているようです。オウム真理教事件の時、研究会がありまして私も入れてもらいました。「差別戒名」

事件の発端は曹洞宗でしたが、臨済宗では妙心寺派がこれに向き合いました。他派はそのまま各本山の意志表明ということで右ならえしたようです。妙派に任せておけといった感じで、とおりいっぺんのごく当たり前な態度に終始してきた印象を受けています。

二〇一一年の九月二九日、妙心寺派は定期宗議会が「臨済宗の総意」という宣言を出しています。「今年三月一一日に発生した東日本大震災に伴う福島原子力発電所事故は、世界中の人々の人生観に大きな衝撃を与えました。半年を過ぎた今日においても、未だ終わりが見えない状況で、多くの人たちの生命《いのち》や人権が脅かされて、苦悩の日々を余儀なくされています。たとえ平和利用とはいえ、原子力による発電が人類の制御できない危険な領域であると露呈した今、私たちは将来ある子どもたちのために一刻も早く原発依存から脱却し、これに代わる安全なエネルギーへの転換に向け、社会に働きかけねばなりません。この度の様々な出来事は、すべて人々に心の豊かさ、安心できる平和な生活とは何かを改めて問い直すよう促しています。私たち仏教徒は利便性や経済性のみを追及せず、仏教で説く「知足（足るを知る）」を実践し、持続可能な共生社会をつくるために努力することを決意し、宣言します」とあります。

二〇一五年八月一一日、鹿児島の九電の川内原発が再稼働しました。その時にも「しかしながら、未だ多くの東日本大震災の避難者が帰宅できずにいる現状や、将来の放射能廃棄物の処理問題を鑑みても、原子力発電の再開はまことに残念であり、遺憾に存じます。また原発事故から四年半が経ち、次第に人々の記憶からその恐ろしさが薄らいでいることも危惧します。仏教では、渇いた者が陽炎を見て水だと勘違いするような強い希求心を〈渇愛〉といいます。正しく物事を見ることができない原因の一つです。〈安定的でより安価なエネルギー〉は誰もが望むところですが、経済性や利便性ばかりを求めていては陽炎を水だと思うような思い違いを起こしてしまうかもしれません。私たち妙心寺派教団は平成二三年九月に〈原子力に依存しない社会の実現〉を宣言致しました。大切なことは自らを調え、足るを知る、ことです。未来の子どもたちのためにも原子力発電に依存しない、持続可能な共生社会をつくるためにさらなる努力を致します」。私もそういう線上にいます。もっとはっきり原発は即やめろと言いたいところですが、そこまではあまり踏み込まない。伝統的な教団の一面が現われているかもしれません。

(3)キリスト教教団

(i)カトリック系

原発事故を起こした地元日本のカトリック教団ということで、ローマ法王庁とはスタンスがやや違います。『いのちへのまなざし、二一世紀への司教団のメッセージ』の中で次のように言います。「核エネルギーの開発は人類にこれまでにないエネルギーを提供することになりましたが、一瞬のうちに多くのいのちを奪った広島や長崎に投下された原子爆弾やチェルノブイリの事故、さらに多くのいのちを危険にさらし、生活を著しく脅かした東海村の臨海事故にみられるように、後世の人々にも重い被害を与えてしまうことになるのです。その有効利用については、人間の限界をわきまえた英知と、細心の上にも細心の注意を重ねる努力が必要です。しかし、それよりも悲劇的な結末を招かないために、安全な代替エネルギーを開発していくことを望みます」。利益や効率を優先する経済第一主義ではなく、尊いいのち、美しい自然を守ることが社会の安寧の第一の要件であるという立場です。

これまで原発は「平和利用」ということでエネルギーを提供してきましたが、プルトニウム、放射性廃棄物を多量に排出してきた。これをどうするか。国策として原発建設に力を注いできたが、その結果、日本の代替エネルギーが遅れをとった。CO_2の発生を削減し、地球温暖化を少しでも低減させるためにも自然エネルギーの開発を促進すること。キリスト者として生命全般のあり方を転換していく必要があると表明しています。日本には自然と共生してきた文化と知恵の伝統があり、神道、仏教もこういう点ではキリスト教と変わらない。清貧とか知足（足るを知る）とか、どの宗教でも、ということです。

（ii）プロテスタント系

日本のキリスト教団は、放射能汚染とその原因となった原子力発電にわれわれは関心をもち続けなければならない、と言います。「神に祝福された世界、神の創造の秩序を破壊し、いのちあるものの関係を断ち切る人類滅亡の危機の始まりである」。被爆国である日本が、軍事だけでなく民事においても多くの人びとを被害者にしたばかりか、原発事故によって大量の放射能を大気圏や海に放出し、こんどは加害者になってしまった。すべての原発の稼働を停止、廃炉を前提とした処置が必要である、という立場を表明しています。

(4)諸教

「諸教」というのは先の『宗教年鑑』での呼び方ですが、神道、仏教、キリスト教以外の諸宗教、諸宗派でして、大方の宗教学者がよぶ「新宗教」を指します。江戸時代末頃から現代に至るまでおよそ二〇〇年ほどの間に興った宗教の総称として新宗教と言っています。私はいくらか見方が違って、幕末、明治から第二次大戦終了までの封建制度、天皇絶対制下で教宣を広げてきた宗教と、戦前・戦中あたり、あるいは戦後の民主主義体制下で生じた宗教ではあり方が違うと考えており、後者は「新・新宗教」とでも呼んだらいいと思います。図2、諸教の流れをご覧いただけると大まかなようすが分かります。

新・新宗教は一九四〇年代半ば、敗戦当時に起こったもので、一九三〇年代とか戦前までは小さな集まりであり、目立たなかった。現行の民主憲法下で、文字通り雨後の筍の如く教宣を広めてきた宗教です。マックファーランドという宗教学者が一九六九年、『神々のラッシュアワー』を出していますが、まさにそんな勢いでした。中にはすでに姿を消している宗教集団もあるかと思います。諸教の新宗教連盟がどんな活動をしているかですが、古い「天理教」や「金光教」は従来型の庶民の中から出てきた宗教で、困っている人をともかく助けようというスタンスです。なお、図2にはずっと後に出てきた「幸福の科学」は入っていません。

図2　諸教の流れ（『宗教年鑑　平成27年版』(文化庁HP)より）

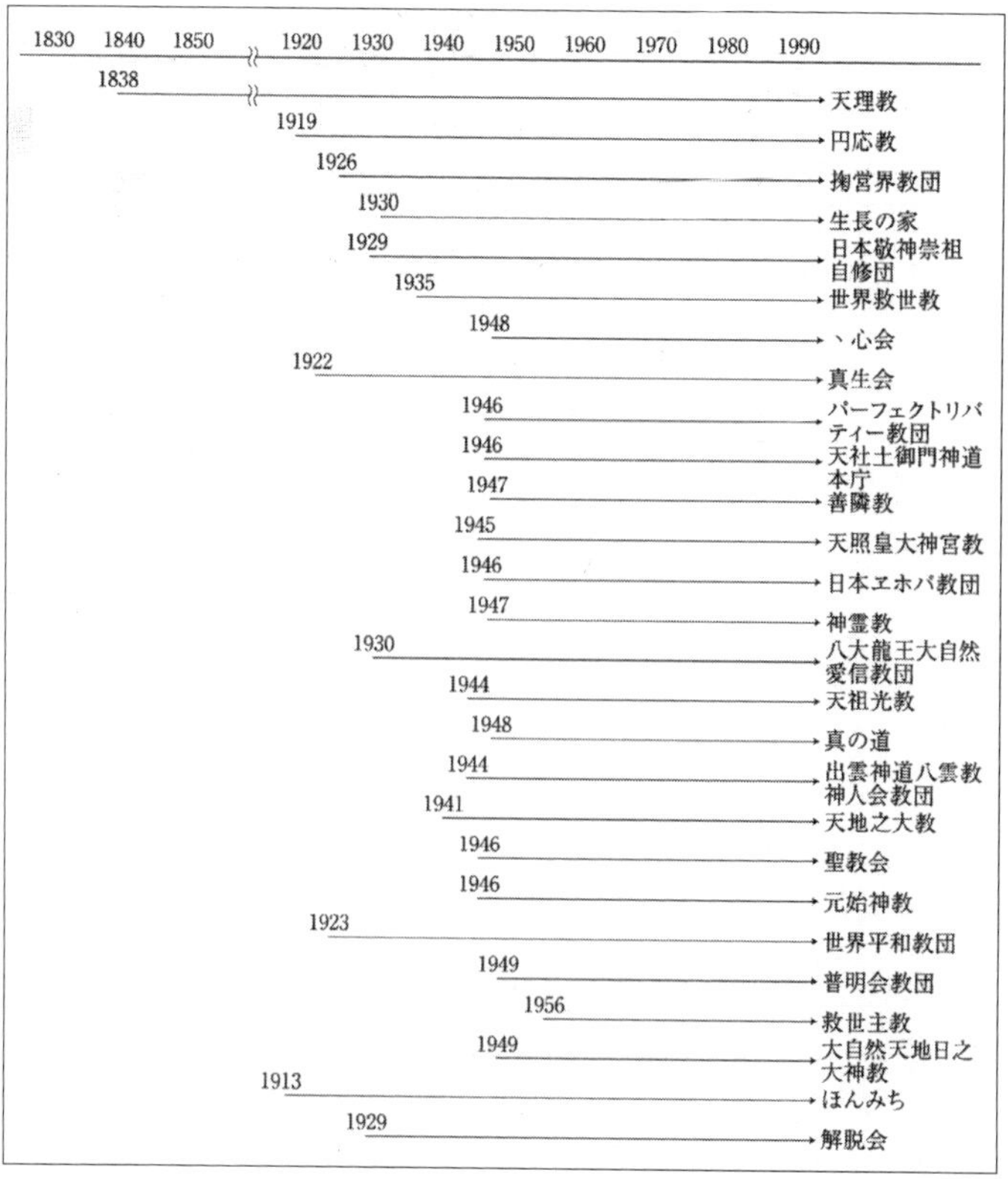

a）大本教

亀岡、綾部に本部がありますが、気合が入った新宗教で、戦時中に教団として壊滅的な弾圧を二度も受けました。出口王仁三郎という宗教カリスマが出て、吉川英治などは「出口王仁三郎は千年に一人出るかどうかの人物だ」というほど高く評価しています。白隠禅師が五〇〇年に一人ということがよく言われますが、それより偉い人ということでしょうか。エスペラント語の普及に熱心で、厳しい弾圧を受けた時に海外で布教活動をして世界宗教連合とか人類愛善会をつくり、日本の拘束にこだわらない世界レベルでものごとを見ていた創始者をもっていた。当然というか、原発に対しても厳しい見方をしている。「原発反対」の立場を明らかにしています。

b）生長の家

谷口雅春という人が創始者で、もともとは反共、反左翼で出発しましたが、世代交代のなかで変質してきました。二〇一五年の参議院選挙では方向転換をして政治世界から離れようとしています。現在では自然環境を大切にし、その保護育成に転じているようです。これも当然というべきか「原発廃止」の方向で動いているようです。

c）立正佼成会

庭野日敬、長沼明佼などによって基礎が固められたといっていいでしょう。戦前に始まり、宗教的なオルガナイザーとしての役割を活発にされる教団ですが、世界宗教者平和会議をつくった日本側の呼びかけ人としての役割をはたしています。この点は伝統的宗教のシガラミのなさが上手く機能しているように思われます。原発に対して明確に「反対だ」という態度です。

d）霊友会

インナートリップ、といったほうが通じやすいでしょう。その通りにもっぱら精神の内面に関わるというのが第一義的な関心事のようで、態度がはっきりしません。反原発、脱原発とは言わないし、賛成とも言いません。社会的貢献をいうが、霊友会の支部に電話すると原発については回答に要領を得ない。こうした大きな教団になれば、こうした社会問題についても一家言あってしかるべきだと個人的に私などは思うのですが、少々残念です。いろいろな事情があるのかもしれません。

e）創価学会

第三代目代表はさかんに核兵器反対を訴えていました。名誉会長の池田大作さんは、ご承知のように世界の多くの著名人、たとえばA・トインビーなどとの対話でもそうですし、それ以外の人たちとも対話をしてこれまで「核反対」と言っていました。SJI、創価学会インターナショナルでは反対の立場を鮮明にしていますが、出処本体の創価学会は公明党も「反対」といっていたはずなのに必ずしも旗幟を鮮明にしていないのではないか、と思えてなりません。なぜ自民党と組んで与党になると次第にグズグズ変わったのか分かりません。一九九〇年代初頭に「脱原発」に進んだように見えましたが、他方で『潮』という公明党と深い関連のある雑誌に、電事連（電気事業連合会）のPRがたくさん掲載されてきたことから判断するかぎり原発推進の立場かとも見えますが、よく分からない。

f）幸福の科学

創立が一九八六年といいますから二〇一六年で教団形成三〇年、新・新宗教の中でもきわめつきに新しい。教団の公称で信者数一一〇〇万人。日本の人口のほぼ一割が信者ということになりますが、そうだとするとたった一世代でこれだけの会員をもつということは大変だと思います。「至高神エル・カンターレ」を信仰する。政治政党としては「幸福実現党」をもっています。これも大変な力の入れようだと思わざるをえません。

原発については「安価で安全な電力供給のために原発は必要だ」「不安定、発電量の少ない再生エネルギーでは原発の代替は不可能だ」「原子力エネルギーは安全保障の要でプルトニウムは核に転用できる」「中国と北朝鮮から日本を守る」「3・11は現内閣（当時の菅内閣）に対する天罰である」とかの文言が公式サイトで見えています。

「原発を止めるな」（大川隆法総裁法話「破邪顕正」）。放射能は体によい、というのです。ホルミシス効果、ラドンとか一部の放射性物質は健康維持、増進に有効だとか。その一方で放射能被害除去祈願を一口一万円で実施します、とも言っています。「3・11」の後に日本各地で反原発のデモをやっているというニュースが報じられた時期がありましたが、私が知る範囲では幸福の科学だけが「原発をやれ」「推進」ということでデモをしていました。いったい、もっとも基本的なところでどのように考えているのか、よく分かりません。この教団が示している「救済財」を改めて検討してみる必要があると考えています。


もう時間がないのであといくつかの教団についてはご報告することができません。天理教、真如苑、世界救世教、金光教などですが、割愛します。

まとめますが、各教団がそれぞれの活動を展開していることが分かります。私が頭を丸めて坊さんの格好をしていて思うのは、「宗教なき現代の現代なき宗教」（西谷啓治）ということです。伝統的な宗教は概して往年の力がない。また、そこから宗教とは何かという問題が改めて浮上してきます。西谷氏は「宗教なんていらないという人にこそ宗教はいる」という言い方をされています。

以前から言われ続けてきたことですが、いわゆる宗教へのイニシエーション（加入）動機として「貧、病、争、孤」がある。そういうものがある場合、現在では社会的な手当として、貧は生活保護がカバーする。医療技術も進歩する。骨肉の争いは調停委員やカウンセラーがいて治してくれる。孤独も社会的に周辺に押し込められた人たちを仲間に入れようといろいろな集まりができています。それらは以前には宗教に関わる教義や儀式・典礼、人物などが適宜いて、それらが人びとのかかえる問題に対応してきたのですが、現在では他のものがその役割を肩代わりするようになってきました。「宗教」といわれる現象に一般の人たちが次第に目を向けなくなりつつある。

原発にたいして各宗教・宗派がいろいろ言っていますが、宗教者といわれる人以外の人たちに言葉が通じてないのではないか。私自身、寺の住職をやっていて思うのは旧態依然とした昔のやり方で終始対応していないかということです。何事にも賞味期限があると思うと、同じことが宗教にも言えるのではないか、という気がいたします。「宗教なき現代」、宗教はどうでもいいというのです。昔からのことを漫然と踏襲しているだけでは一般の人が相手にしない。一つは「原発」という極めて重い社会的問題、実際に苦しんでいる人たちがいる。避難している人、ハイマートロス、故郷喪失者の人たちに教団として宗教に携わる人がどのような形でアプローチできるか、どの程度通じているか。原発問題を通じて、我々の人間、さらに宗教といわれる世界に身をおいているわれわれの鼎の軽重が問われているのだと思います。
あまり意を尽くしませんが時間もまいりましたので、このへんで終わらせていただきます。ありがとうございました。

（質疑応答）

司会　宗教と原発問題のテーマに切り込まれた貴重なご研究だったと思います。

質問　各教団の方向性をまとめていただきました。どうしてこういうことになるのか、それぞれの教団の教義との兼ね合いで導きだされてきている見解なのかどうかを聞きたかったんですが、妙心寺教団の見解は教義との兼ね合いでそういうことになるのか。なぜそういうことを聞くかというと、脳死臓器移植については宗教者はどちらともいえないという結論ですね。白は白と尊重し、黒は黒として尊重すると。旗幟鮮明にしないことが宗教者たる所以であると。ところが原発については、わりとわかりやすくいわれていますよね。そのへんの違いはどうやって出てきたのか。原発についての見解と臨済宗の教義と関係があるのかどうかを教えていただきたいのですが。

島崎　脳死臓器移植はこれも難しい問題で、ビハーラとかもやっていますけど、禅宗の立場からいうと人間は死ぬ時は死ねばいいいんだという、切って捨てたようなところがありますね。ケースバイケースという取り組みではないでしょうか。原発については被曝すれば明らかに人体に害を及ぼすことがわかっているので答えを出しやすいと思いますが。

司会 教義との関係については？

島崎 仏教学をあまり詳しく勉強してきたことがないので、体験的な修行で基本は「諸悪莫作」「自浄其意」をどれだけやっていくか。具体的に自分の臓器を誰かにあげる、自分が人から臓器をもらう、あげもしないし、もらいもしない。自分自身に引きつけて、その人の一生を終えればいいとかんがえてきました。いろんなケースがあると思いますが、難病のケースとか、そういう問題を深く考えたことがないので。教義、神学にあたるものが仏教の論にあるのでしょうが、そういうところで自分自身は生きてないと思っています。体験からしかわかりません。一般論で述べることはできませんね。

質問 宗教は賞味期限が切れているのではないか、僕もそう思っていますから去年、妻が死んだ時は無宗教で葬式をやりました。生きている時は二身二体ですが、死ぬことによって一心同体になる。妻は頭の中に入っているから妻と会話しながら生きている。原発の問題でも今の世界と宇宙は人類がつくりあげてきたものであって、宗教はそれに対して横綱相撲がとれるかどうか、受けて立てるかどうか、バタバタしてもしょうがない。自分がやってきたことに対してどう立ち上がれるかということで宗教とかに頼ってはいけないのではないか。自分の中から出してくる自立性の塊が流れをつくっていくのではないかと。

なぜ人類から紛争が絶えないのかと考えていますが、人間は生物的な側面と文化的な側面をもっているから、生物的な側面は時間に関係なく成熟していく。文化は待たせる、一人前になるまで待つ。

生物体はどんどん成熟していくので生物体を支える社会でないと生物体を無視して文化の側面で試合をさせる社会はよくないのではないか。原発をつくった。それをどう変えていくかは理屈の問題ではなく、個人、個人がどう変えるかという問題ではないかと感じました。

島崎　私は小僧生活をしていて師匠のところにおって、いっぺん生意気なことをいって厳しい叱責を受けたことがあります。「入るものは拒まず、去るものは追わず」といったら「お前な、それに対応していける力があるのか」と。その時は理屈とかではなく真から出てくる感化力、いくら理屈を並べても腹の底で納得しないと意味がない。ところが、ちょっとした片言隻句でも琴線に触れる時がある。自分が失敗をした時、どこかで聞いてきたようなことは誰でもいうが、所詮は借り物ですからそれには説得性がない。体験型の宗教、自分が体で身につけたことが他者に対した時、他者に伝わる力がその人にあれば通じる。宗教はすべて人に始まる。それがなくなると賞味期限が切れたということだと思っています。

社会の問題は、たとえば原発などは、ある利害関係のある人がワーッと寄ってくると雪だるまになって、一旦転がりだすと一人の人間の手には負えない。そうなる前に止めるか、とことん雪だるまが大きくなって何かにぶつかって雲散霧消するまでいくしかないのかもしれないという気がしますね。つまるところ、教団とかいっても最終的には人自身に帰ってくる。その出発点はないし、終着点はないだろうと。自分の一生は自分で最後に結着をつけるしか、行き着くところはないだろうと。未熟な答えですが。

質問　全日本仏教会宣誓文、いい文章だと思います。「概して保守的といわれてきた同会がここまで踏み込んだ発言をした。会長の意向が強く反映した、といわれる」と。会長はどなたですか？

島崎　総長だと思います。妙心寺派の宣言も全日仏の文も河野太通老師がリードされたと伺っています。水田全一さんが高砂におられてＤＶＤを頂戴しましたが、太通老師が講演され、「宗教者は政治的発言をすべきではないといわれていますが、反原発の話をするのは宗教者としての話です」と最初に断って「自分は軍国少年で子どもの時は日本軍がんばれと思っていたが、終わってみたら、あれはなんだったのかと思った」と。そんな方はたくさんおられると思います。

質問　河野太通さんはボルネオの難民支援の社会活動をされたと聞いています。

参加者　河野太通さんは本学の総長をされ、山田無文さんの弟子ですが、自分のお寺で修行僧たちを育成指導しています。内的な宗教的世界にこもるのではなく、外の世界では社会的な活動もされています。花園大学で活動され、理想的なご意見をいただけるようなお方ではないかと思います。

（花園大学人権教育研究会第98回例会・二〇一六年十二月二日）

孤立社会からの脱出
――始めの一歩を踏み出すために

花園大学人権論集㉔

二〇一七年三月二〇日　初版第一刷発行

編者●花園大学人権教育研究センター
〒・六〇四－八四五六
京都市中京区西の京壺の内町八－一
Tel・〇七五－八一一－五一八一
E-mail・jinken@hanazono.ac.jp

発行●批評社
〒・一一三－〇〇三三
東京都文京区本郷一－二八－三六　鳳明ビル
Tel・〇三－三八一三－六三四四
Fax・〇三－三八一三－八九九〇
振替・〇〇一八〇－二－八四三六三
E-mail・book@hihyosya.co.jp
http://hihyosya.co.jp

印刷
製本●モリモト印刷株式会社

●執筆者紹介

鬼丸　昌也――NPO法人テラ・ルネッサンス創設者・理事
朝霧　　裕――シンガーソングライター・作家
阪口　青葉――NPO法人障害者の自立を支えるサポートネットワーク・防災士
川並　利治――花園大学社会福祉学部教授＝児童家庭福祉・社会的養護・相談援助
脇中　　洋――花園大学非常勤講師＝発達心理学・法心理学
丸山　顕徳――花園大学文学部教授＝日本古代文学・民俗学
島崎　義孝――花園大学非常勤講師＝仏教福祉学・社会学

ISBN978-4-8265-0659-5 C3036 ¥1800E　Printed in Japan